KB138112

카피라이터의
표현법

SHUNJI NI GENGOKA DEKIRU HITO GA UMAKU IKU

by Copyright © 2023 Shunya Araki

Korean translation rights arranged with SB Creative Corp., Tokyo

through Korea Copyright Center Inc., Seoul.

이 책은 ㈜한국저작권센터(KCC)를 통한 저작권자와의 독점계약으로 ㈜현대지성에서
출간되었습니다. 저작권법에 의해 한국 내에서 보호를 받는 저작물이므로
무단전재와 복제를 금합니다.

1초 만에
생각을 언어화하는
표현력 트레이닝

카피라이터의 표현법

아라키 슌야 지음 | 신찬 옮김

현대
지성

일터에서 문제를 만났을 때, 어렴풋한 느낌이나 이미지만 뿌옇게 가지고 있는 사람과 명료한 말로 구현할 수 있는 사람은 천지 차이다. 저자는 단순하지만 직관적인 방식으로 생각의 해상도를 높이는 법을 알려준다. 내가 평소에 아이디어를 기획할 때 쓰는 방식과 비슷해 반가워하면서 읽었다. 실제로, 꽤 도움이 된다. 일하는 사람이라면 꼭 읽어보길 추천한다.

➜ 박소연 기획자, 『일 잘하는 사람은 단순하게 합니다』 저자

카피는 카피라이터만의 일이 아님을 많은 사람이 공감할 것이다. 하다못해 개인 SNS에 한 줄 쓰는 것도 고민하며 쓰지 않던가. 카피를 쓸 때 끙끙거리게 되는 이유 중 하나는 대단한 걸 쓰려고 하기 때문이다. 자신의 경험에서부터 출발하면 카피는 수월하게 시작해 타인에게 공감까지 줄 수 있다. 이 책은 자신이 말하려는 바를 파악하는 게 우선이라고 강조한다. 그중에서도 가장 중요한 것은 자신의 경험을 꺼내놓는 일이다. 우리는 소소한 것으로 깜짝 놀라게 할 작전을 짜야 한다. 작지만 지금 당장 쓸 수 있는 것은 오직 당신의 경험뿐이다.

➜ 이유미 카피라이터, 『카피 쓰는 법』 저자

단단한 생각이 없다면 탄탄한 표현도 없다. 이 책은 생각의 근력을 키워주는 근사한 트레이닝북이다. 저자가 제시하는 메모법을 차근차근 따라가다 보면 좋은 표현을 위한 기초 체력이 올라가는 것만 같다. 생각의 해상도를 높이고 싶다면, 표현에 깊이를 더하고 싶다면, 지금 이 책을 읽어보자. 부담 없이 페이지를 넘기기만 해도, 책 속의 방법을 따라하기만 해도, 자신만의 표현법을 갖게 될 테니까.

→ 이승용 카피라이터, 『헛소리의 품격』 저자

하고 싶은 말이 있는데, 제대로 표현을 못 해서 고민이다.
회의 때 상사나 동료에게 질문을 받으면 대답이 잘 안 나온다.

당황한 나머지 아무렇게나 말하고 창피를 당한다.
뭐라도 말하면 그나마 다행이다.
보통은 아무 생각도 안 나 머릿속이 하얘진다.

꼭 취직하고 싶은 회사의 면접을 보게 되었다.
그런데 왜 이 회사에 오고 싶은지,
내게 어떤 능력이 있는지 제대로 설명하지 못한다.

어쩌다 의견을 이야기해도 너무 추상적이라 설득력이 없다.
어디서 주워들은 듯한 이야기만 할 뿐,
독창적인 생각을 표현하지 못한다.

좋은 아이디어가 있어 기획서를 작성하고 싶지만
어렴풋한 이미지만 떠오를 뿐
아무리 생각해도 적절한 말이 떠오르지 않는다.

겨우 짜내서 쓰기는 했는데, "전혀 구체적이지 않군요",
"어디선가 본 듯한 내용이네요"라는
지적을 당하기 일쑤다.

이런 고민을 가진 사람들을 위한
매우 간단한 트레이닝을 소개한다.

머릿속에 떠오른 생각을 종이에 쓰기만 하면 된다.
1장을 쓰는 데 2분의 제한 시간을 둬서,
하루 3장, 6분으로 끝내는 훈련이다.
이 '표현력 트레이닝'을 매일 연습하자.

그러면,
필요할 때 필요한 말을 순간적으로 언어화할 수 있다.

언제 어디서든 머릿속에 있는 생각을
구체적이고 설득력 있는 말로 내뱉고 싶다면
이 책을 따라 차근차근 연습해보자.

2주 안에 눈에 띄게 표현력이 좋아진
자신을 발견할 수 있을 것이다.

생각을 제대로 표현하지 못하는 문제를 해결해주는 책

'하고 싶은 말이 있는데 표현이 잘 안 된다.'

　이 책을 집어 든 분이라면 위와 비슷한 고민을 하고 있을 것이다. 『카피라이터의 표현법』은 '표현'에 어려움을 느끼는 사람을 위한 책이다. 작가나 크리에이터만을 위한 전문서가 아니라, 업계나 직무와 관계없이 모든 '일하는 사람'을 위한 책이다.

　'표현력'은 회의나 프레젠테이션, 리포트, 기획서, 보고, 연락, 상담 등 업무를 할 때 마주하는 모든 상황에 꼭 필요한 능력이다. 따라서 표현력이 부족하면 '이 사람은 아무 생각이 없구나', '저 사람이 무슨 말을 하는지 도대체 모르겠다'와 같은 인상을 줄 뿐 아니라 일을 못한다고 평가받기 십상이다.

화술에 관한 책을 읽어도 표현력이 향상되지 않는다

현실은 어떠한가? 생각을 언어로 표현하는 능력이 이렇게나 중요한데도 정작 배울 기회는 전혀 없다. 그래서 생각을 말로 표현하는 데 어려움을 느끼는 사람 대부분은 자기계발 서가에 꽂힌 화술, 소통 관련 서적에서 스스로 해답을 찾으려고 한다.

하지만 화술에 관한 책을 아무리 많이 읽어도 표현력은 기를 수 없다. 표현력의 핵심은 '언어화'인데, 그런 책 대부분은 이미 언어화된 말을 '어떻게 전달할 것인가'에 초점을 맞추고 있기 때문이다. 즉, '표현법'이 아닌 '전달법'을 가르친다.

그럼 전달법이 표현법과 어떻게 다른지 다음 도표로 확인해보자.

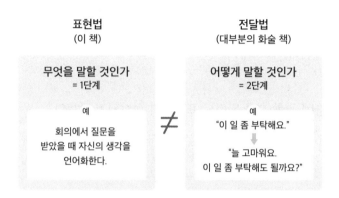

'전달법'은 이미 언어화된 생각을 전달하는 기술
'표현법'은 말의 내용, 즉 머릿속 생각을 언어화하는 기술

도표에서 알 수 있듯 전달법이란 자신이 전하고 싶은 생각을 언어화한 후에야 이루어지는 기술이다. 요리할 때 레시피를 아무리 열심히 익혀봐야 식자재 자체의 질을 높일 수 없는 것처럼 전달법을 아무리 배워봐야 표현력은 향상되지 않는다. 만약 표현력이 좋지 않아 고민하고 있다면 이에 맞는 언어화 트레이닝이 반드시 필요하다.

소통의 본질은 전달법이 아니다

나는 일본 1위의 광고 회사 덴츠에서 일하고 있는 20년 차 카피라이터다. 카피라이터라고 하면 흔히 어떻게 멋진 문장을 쓸지만 고민하는 사람이라고 여긴다. 하지만 사실 우리 일의 대부분은 생각을 말로 바꾸는 '언어화'에서 시작된다.

사람들은 잘 모르지만 카피라이터가 가장 먼저 하는 일은 광고주인 클라이언트의 이야기를 듣는 것이다. 클라이언트는 대부분 자신의 상품이나 서비스에 관한 확고한 비전이나 이미지를 가지고 있지만 그것을 말로 표현하는 데 서툴다. 그래서 클라이언트에게 질문을 던지면서 '무슨 내용을 말해야' 그들의 비전이 전해질지 고민하는 과정이 필요하다. 이것이 바로 그들의 생각을 언어로 만들어내는 과정이다. 그다음에는 그 말이 대중의 입장에서 어떻게 느껴지는지 스스로 질문을 던지며 '어떻게 말할지'를 검증하고 최종 카피를 작성한다.

그러므로 우선은 클라이언트의 '생각'을 '언어'로 바꾸는 데 많은 시간과 공을 들인다. '어떻게 말할 것인가'는 가장 마지막에 이루어지는 공정이며, 극단적으로 말하면 업무량의 5% 정도에 지나지 않는다. 카피라이팅의 95%는 '언어화' 작업인 셈이다.

지금은 이렇게 자신 있게 말할 수 있지만 나도 예전에는 생각을 언어로 바꾸는 데 어려움을 느꼈다. 클라이언트의 생각을 말로 표현하지 못하는 것은 물론이고, 선배 카피라이터가 언어화한 작업물을 보고도 내가 어떻게 느끼는지조차 말할 수 없었다. 선배가 무슨 질문을 해도 솔직히 뭐라고 말해야 좋을지 모르는 상태였다.

무엇보다 내 카피는 사람들의 마음을 전혀 움직이지 못했다. 광고상은 고사하고 고객의 피드백이 바로 나타나는 웹 광고 카피를 만들 때조차 반응이 너무 신통치 않아서 클라이언트에게 미안한 마음까지 생겼다.

당시에는 그야말로 멋진 표현이나 문장에만 관심이 있었다. 그러다 어느 순간 깨달았다. 내 문제의 본질은 생각을 말로 바꾸어내지 못하는 데 있다고 말이다.

본래 '무엇을 말할 것인가' 즉, 메시지가 사람의 마음을 움직인다. 전달하려는 내용이 불분명한 상태에서 '어떻게 말할 것인가'를 아무리 궁리해봐야 잘 포장된 빈 껍데기에 불과할 뿐이다.

예컨대 당신이 아무리 멋진 옷을 차려입어도 마지막에는 당신이 어떤 사람인지가 중요하다. 마찬가지로 '무엇을 말할 것인가'가 결국 소통의 본질이다.

비법은 빈 종이에 생각을 재빨리 메모하기

생각을 말로 표현해내는 일의 중요성을 깨달은 후부터 언어화 훈련에 힘썼다. 여러 시행착오를 겪은 결과, 이 책에서 소개할 '표현력 트레이닝'이 탄생했다. 이 트레이닝을 시작하고 인생이 참 많이 달라졌다. 그것도 서서히 바뀐 것이 아니라 한순간에 180도 바뀌었다.

국내외 20개가 넘는 광고제에서 연이어 카피라이터상을 수상했고, 세계 3대 광고상인 칸 라이언즈Cannes Lions와 원쇼 The One Show에서 동시에 입상하는 쾌거를 올렸다. 또 국제 행사 등 국가 단위의 브랜딩을 담당하면서 지금까지 전 세계

20개가 넘는 나라에서 카피라이터로 일하고 있다.

대학이나 기업에 강연을 나가게 되었는데, 이 표현력 트레이닝을 꾸준히 실천하신 분들께 다음과 같은 기분 좋은 반응을 얻기도 했다.

"긴박한 상황에서도 순간적으로 적확한 답변을 할 수 있게 되었습니다."
"의견과 근거가 구체적이어서 설득력이 있다는 평가를 받았어요."
"내 생각을 표현할 수 있게 되었고 날카로운 의견이었다고 칭찬받는 일이 많아졌어요."
"표현력이 타고난 센스가 아니라 누구나 단련할 수 있는 능력이라는 사실에 놀랐어요."

그렇다면 어떻게 '표현력'을 빠른 시간에 끌어올릴 수 있을까? 방법은 간단하다. 머릿속에 떠오른 생각을 종이 한 장에 메모하기만 하면 된다.

메모가 말의 해상도를 높인다

'왜 하필 메모지?'라고 생각하는 사람도 많을 것이다. 일반적으로 메모는 '잊지 않기 위한 도구'라고 생각하기 때문이다. 이 책을 통해 메모의 진짜 힘은 전혀 다른 데 있다는 것을 알리고 싶다. 메모는 '생각을 표현하기 위한 도구'다.

도표2 | 메모가 '말의 해상도'를 높인다

글로 쓰는 행위는 어렴풋한 이미지를 강제로 언어화하는 일이다.

언어화하지 않으면 생각이 어렴풋한 이미지로 남는다.

〈도표 2〉를 보자. 사실 평소 우리의 생각은 대부분 말의 형태로 존재하지 않고, 뿌옇게 안개가 낀 것처럼 어렴풋한

이미지로 존재한다. 이를 '감각'이나 '개념'이라는 단어로 바꿔 말해도 좋겠다. 이 머릿속에 있는 모호한 생각을 말로 표현해내는 일은 보기보다 쉽지 않다.

반면에 쓰기는 막연한 감각이나 개념을 말로 표현할 수 있게 돕는다. 당연한 이야기지만 뭔가를 쓰려면 일단 평소 생각을 언어로 바꾸어 밖으로 드러내야 한다. 그렇기에 '쓰기'는 '표현을 강제하는 일'이라고도 볼 수 있다.

그럼 이 책이 제시하는 '표현력 트레이닝'을 습관으로 만들어 머릿속 어렴풋한 이미지를 명확한 언어로 바꾸는 연습을 꾸준히 실천하면 어떻게 될까? '말의 해상도'가 눈에 띄게 높아진다. 즉, 필요할 때 필요한 말을 자연스럽게 표현할 수 있게 된다.

어쩌면 '애초에 머릿속에 아무 생각도 떠오르지 않아요'라는 고민을 토로하는 사람도 있을지 모른다. 실은 이 또한 같은 문제다. 이런 사람은 어렴풋한 이미지조차 보이지 않을 정도로 말의 해상도가 극히 낮은 상태일 뿐이다. 깨닫지 못할 뿐 누구에게나 자신만의 생각은 있다.

일단 사소한 내용부터 조금씩 쓰면 된다. '뭐든 좋으니까 우선 하나라도 써보는 것'이 중요하다. 하나의 메모가 다른 이미지를 언어화하는 촉매제가 되기 때문이다.

그다음에 '추가로 언어화된 말'을 메모한다. 그러면 그것이 다시 촉매제가 되어 다른 이미지가 언어화된다. 이 훈련을 매일 반복하다 보면 조금씩 말의 해상도가 올라가 생각을 구체적으로 표현할 수 있다. 메모라는 도구는 생각을 표현하기 위해 사용할 때 비로소 진가를 발휘한다.

순간적으로 표현할 수 있게 된다

그렇게 힘든 일도 아니다. 앞서 말한 것처럼 머릿속에 떠오르는 생각을 써보기만 하면 된다. 먼저, A4용지 맨 위에 자신에게 던지는 질문을 적는다. 그러고 나서 머릿속에 떠오르는 답을 차례차례로 써 내려간다. 단, 제한 시간은 '1장당 2분'이며 하루에 3장씩 총 6분을 작성한다. 그리고 이 트레이닝을 매일 반복해 습관으로 만든다. 이렇게만 하면 어디서도 배울 수 없는 '표현력'을 단시간에 놀랍도록 단련할 수 있다. 2주라도 괜찮다. 2주만 꾸준히 훈련해도 '어? 내가 이렇게 말을 잘했었나?!' 하고 놀라게 될 것이다.

단지 바쁜 사람을 위해 제한 시간을 2분으로 둔 것은 아니다. 다소 장벽이 높은 제한 시간을 설정하면 집중력이 향상되어 좋은 결과물이 나오기 때문이다.

회의에서 의견을 제시해야 할 때나 면접에서 곤혹스러운 질문을 받았을 때, 기획서가 생각처럼 쓰이지 않을 때 등 표현력의 한계를 경험하는 상황은 다양하다. '표현력 트레이닝'은 이런 상황에서 '순간적으로 표현할 수 있게' 되는 것을 목표로 한다.

말의 속도와 깊이는 함께 간다

적절한 표현을 떠올릴 때 속도도 중요하지만 깊이를 간과해서는 안 된다. 우리 주위에는 본질을 꿰뚫는 의견을 빠르게 잘 던지는 사람도 있다. '곰곰이 생각해야 설득력 있는 말을 할 수 있다'라고 생각하는 사람이 많지만 사실 '속도'와 '깊이'는 함께 간다.

신경 쓰거나 눈치 볼 필요 없다. 오히려 편안하고 가볍게 접근하는 편이 말도 쉽게 나온다. 또 이 트레이닝의 목적은 표현력 향상이지 남에게 보여주는 것이 아니므로 글씨가

엉망이어도 아무 상관없다.

마지막으로 이 책의 목차를 소개하겠다. 1장에서는 표현력이 얼마나 중요한지 소개한다. 2장에서는 어떻게 하면 언어화를 잘할 수 있는지, 왜 메모가 효과적인지 더 구체적으로 설명하려고 한다. 3장에서는 메모를 활용한 '표현력 트레이닝'의 구체적인 방법을 소개하고, 4장에서는 비즈니스 상황에서 활용 가능한 실제 사례를 살펴본다. 5장에는 말의 해상도를 한층 높이고 싶은 분들을 위해 평소 내가 실천하는 습관을 추가로 담았다. 표현력 트레이닝을 매일 실천하다 보면 자신에게 던질 질문이 더 이상 생각나지 않을 수 있다. 그래서 부록으로 생각해볼 만한 질문을 실었다. 이를 참고하면 트레이닝에 큰 도움이 될 것이다.

여러분이 이 책의 방법을 실천해 언제든 순간적으로 표현할 수 있는 능력을 갖게 된다면 더할 나위 없이 기쁘겠다.

아라키 슌야

5장 • 말의 해상도를 높이는 카피라이터의 습관

1장

사람은 전달력보다
표현력으로 평가받는다

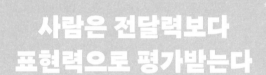

당신은 지금 회사에서 회의를 하고 있다. 부장이 회의를 주도하면서
모두에게 의견을 묻고 주변 동료들은 자유롭게 발언하고 있다.

하지만 당신은 심장이 두근거려 미칠 지경이다.
'제발 나에게는 아무 질문도 하지 말기를!'
간절한 기도도 소용없다.

"○○○ 씨는 어떻게 생각하죠?"

지금 이 순간이야말로 '표현력'이 진가를 발휘할 때다.
지금 내뱉는 말 한마디가 인사 평가에
큰 영향을 미칠지도 모르기 때문이다.

우리 이야기는 여기서부터 시작된다.

생각을 제대로 표현하지 못하는 문제를 해결해주는 책

이 장에서는 먼저 '표현력'이 일을 하는 데 얼마나 중요하고 큰 도움을 주는지를 함께 알아보겠다. 「시작하며」에서도 밝혔듯 이 책은 카피라이터뿐 아니라 모든 업계나 업종에서 일하는 일반적인 회사원을 위해 쓰였다. 즉, 일반적인 비즈니스 상황에서 갖춰야 할 표현력을 습득하도록 돕는 것이 이 책의 주요 목적이다.

흔히 '말하기'는 모두가 가지고 있는 지극히 당연한 능력이라고 생각한다. 그래서 평소에는 그 능력치를 별로 의식하지 못한다. 그럼 우리가 살펴볼 '표현력'이란 무엇일까? 단순히 말을 잘하는 능력이나 글을 잘 쓰는 능력을 의미하지는 않는다. 이 책에서는 표현력을 '머릿속 어렴풋한 이미지를 언어로 구현해내는 힘'으로 정의한다.

그렇다면 어렴풋한 이미지란 무엇일까? 「시작하며」에서 언급한 것처럼 머릿속에 있는 막연한 감각이나 개념을 뜻한다. 평소에 '하고 싶은 말이 있는데 잘 표현을 못 하겠어'와 같은 생각을 자주 해왔다면 표현에 어려움과 답답함을 느끼고 있다는 의미다. 이런 문제를 해결하는 것이 이 책의 목적이다.

여기서는 먼저 표현력이 무엇인지 구체적으로 그려보기 위해 사람들이 얼마나 다양한 업무 상황에서 자신의 표현력에 한계를 느끼고 있는지를 이야기하려고 한다.

어쩌면 이 책을 읽고 있는 당신의 고민과 똑같은 사례가 있을지도 모른다. 그런 고민을 하는 사람이 당신 혼자가 아니라는 사실을 알고 안심하기를 바란다. 누구나 이 같은 고민을 가질 수 있다.

회의든 프레젠테이션이든 표현력이 관건이다

나는 광고 회사에서 근무하고 있지만, 다른 회사원들도 업계나 업종과 관계없이 다양한 회의에 참석하고 있으리라고 생각한다. 그중에서도 클라이언트를 대상으로 하는 프레젠테이션은 매우 중요한 회의다.

게다가 회사나 팀의 사활이 걸린 대형 프레젠테이션이라면 몇 주 혹은 몇 개월이라는 긴 시간 준비해야 하는 대규모 프로젝트가 되기도 한다. 이때 프레젠테이션 내용에 자신의 생각을 담아 효과적으로 전달하는 것이 관건이다. 업계나 업종에 따라 프레젠테이션 방법은 서로 다를지 모르지만 의견을 주고받는 방법은 크게 다르지 않다.

그래서 광고 회사에서는 평소 어떤 방식으로 클라이언트 앞에서 프레젠테이션을 하는지를 예시로 들어 표현력 문제를 함께 고민해보고자 한다. 주인공은 바로 당신이다. 당신이 광고 회사의 직원이라고 가정하고 다음에 나오는 '가상회의' 글을 읽어보자.

● 클라이언트 프레젠테이션 편

클라이언트: 식품 회사

프레젠테이션 내용: 마요네즈 신제품 방송 광고(CM)

프레젠테이션 참석자: 클라이언트 약 10명, 광고 회사 직원 약 10명

이제 프레젠테이션이 시작된다. 당신은 광고 회사 측 관계자로 참석했고 당신 옆에는 CM 기획팀장이 앉아 있다. 그는 오랜 시간 준비해온 CM 계획을 힘주어 이야기하고 있다. 다소 밋밋했던 지금까지의 광고 내용을 확 바꿔 임팩트를 주려는 기획이다. 프레젠테이션이 끝난 후 클라이언트 측의 각 부문 담당자가 저마다 한마디씩 코멘트하기 시작한다.

"아주 흥미로운 기획이네요. 대단히 감사합니다."

"배우 ○○○를 쓰면 상품 이미지도 새롭게 할 수 있을 것 같아요."

"매우 임팩트 있는 카피라고 생각합니다."

클라이언트의 호평이 이어졌다. 힐끗 옆을 보니 프레젠테이션을 한 팀장도 표정이 밝다.

바로 그때, 좀 까다로워 보이는 클라이언트가 이런 질문을 던졌다.

클라이언트 "확실히 임팩트는 있는데…"
팀장 "네."
클라이언트 "이 광고로 마요네즈가 정말 잘 팔릴까요?"
팀장 "……."

CM을 기획할 때 임팩트를 무엇보다 중시하던 팀장은 생각지 못한 질문에 말문이 막혔다. 그때 옆에 앉은 당신에게 같은 질문이 날아왔다.

클라이언트 "○○○ 씨는 이 광고로 마요네즈가 잘 팔릴 거라고 생각하나요?"

자, 프레젠테이션에 참석한 모두의 시선이 당신에게 쏠린다.
당신이라면 어떻게 대답할 것인가?

광고업계에 몸담고 있는 사람이 아니라면 방송 광고를 기획할 일은 없겠지만, 회의를 하면서 분위기가 순식간에 바뀌는 날카로운 질문을 받고 놀랐던 경험은 누구에게나 있을 것이다. 이때 어떻게 대답해야 할지 몰라 당황해버리면 그날의 회의를 망치고 만다. 대부분은 "글쎄요…"라며 상대의 의견에 반박하지 못하고 묵묵부답으로 일관하거나, 어색한 침묵의 시간을 메우기 위해 정리도 안 된 말을 주절거리다가 아무 상관없는 발언을 하기도 한다.

하지만 만약 평소에 표현력을 기르는 트레이닝을 틈틈이 해왔다면 이런 상황에도 슬기롭게 대처할 수 있다. 그럼 이번에는 또 다른 상황에서 발생할 수 있는 표현력 고민을 한번 살펴보자.

기획서를 작성할 때도 표현력이 관건이다

회사에 다니다 보면 자료나 기획서를 작성할 일이 많이 있다. 나 또한 거의 하루도 빠지지 않고 기획서를 쓴다. 카피라이터는 광고 카피만 쓰면 된다고 생각하는 사람도 많지만 결코 그렇지 않다(의외로 여러 업무를 한다).

자료나 기획서를 작성할 때 가장 중요한 것이 무엇일까? 물론 업계에 따라 문서 작성 방법은 매우 다양하다. 하지만 업계나 업종과 관계없이 자료나 기획서를 작성할 때 반드시 사용하는 도구가 있다. 바로 '언어'다.

신기하게도 평소에는 큰 노력을 들이지 않고 이런저런 말을 하지만 막상 기획서나 자료를 쓰려고 하면 제대로 된 언어가 좀처럼 떠오르지 않는다. 그러니 어디서 들은 것 같은 뻔한 말만 늘어놓기 일쑤다. 때로는 형식에 치중하느라 정작 중요한 내용은 전달되지 않는 두루뭉술한 문서를 작성하기도 한다. 자신이 작성한 문서를 검토하다가 이런 아쉬운 점을 발견하고 고민에 빠지는 사람이 많을 것이다.

이런 현상도 모두 표현력 부족에서 원인을 찾을 수 있다. 이 장을 시작할 때 말한 것처럼 표현력이란 '머릿속 어렴풋한 이미지를 언어로 구현해내는 힘'이다. 무엇을 써야 할지 도무지 모르겠다면 곰곰이 생각해보자. 아무 생각 없이 기획서를 만들었을 리가 없다. 반드시 이 기획서를 통해 구현하고 싶은 아이디어가 있을 것이다.

당신도 상사나 클라이언트에게 참신한 기획이나 아이디어를 전달해 새로운 사업을 추진하려는 목표를 가지고 많은 시간을 들여 조사하고 고민했을 것이다. 그런데 왜 막상 기획서를 쓰려고 하면 뭐가 문제인지 꽉 막혀서 잘 풀리지 않을까? 이유는 머릿속으로 생각하고 있는 어렴풋한 아이디어를 언어화하지 못하기 때문이다.

전달법을 배워도 표현력은 향상되지 않는다

지금까지 회의나 프레젠테이션, 기획서 및 자료 작성 등 업무를 하면서 흔히 겪게 되는 고민을 살펴보았다. 최근에는 표현에 어려움을 느끼는 사람이 점점 더 많아지는 듯하다. 특히 서점에 가보면 이 현상을 뚜렷하게 느낄 수 있다.

최근 몇 년간 '전달법'에 관한 서적이 끊임없이 쏟아져 나왔다. 이른바 화술, 커뮤니케이션 서적이라고 불리는 도서들이다. 대부분 한 번쯤은 이런 책을 접해봤을 것이다. 혹시 접해봤다면 책을 다 읽은 후에 어떤 생각이 들었는지 잠시 떠올려보길 바란다.

나는 전달법에 관한 책이 지금까지 이야기한 많은 사람이 안고 있는 표현력에 대한 본질적인 고민을 해소시켜줄 수 없다고 생각한다. '시작하며'에서도 언급했듯이 표현법과 전달법은 전혀 다른 기술이기 때문이다.

소통 = '무엇을 말할 것인가' + '어떻게 말할 것인가'

'표현법'과 '전달법'은 완전히 다른 기술이다. 이를 이해하기 위해서는 먼저 언어적 소통의 본질이 무엇인지 언급할 필요가 있다.

소통은 '무엇을 말할 것인가'와 '어떻게 말할 것인가'로 구분해 생각할 수 있다. 예를 들면 다음과 같다.

- 부탁을 할 때는 서두에 "죄송합니다만"을 붙인다.
- "공부해라"보다는 "같이 공부하자"라고 한다.
- "마치 ○○"라며 비유적으로 이야기한다.

위에 나온 예시는 '어떻게 말할 것인가'에 관한 내용이다. 서론을 두거나 어미를 바꾸거나 비유법을 사용하는 등 다양한 방식으로 말을 구사하지만 말하고자 하는 메시지의 핵심은 바뀌지 않는다. 이처럼 '어떻게 말할 것인가'를 체계적으로 정리한 기술이 '전달법'이다.

도표3 '무엇을 말할 것인가'와 '어떻게 말할 것인가'

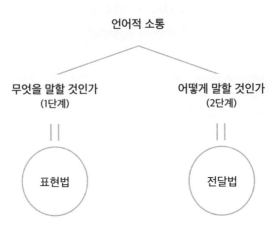

한편, 우리는 무슨 말을 할 때 '어떻게 말할 것인가'를 생각하기 전에 말할 내용을 먼저 떠올린다. 이 말할 내용이 바로 '무엇을 말할 것인가'에 해당하며 이를 위한 기술이 '표현법'이다〈도표 3〉.

'어떻게 말할 것인가'보다 '무엇을 말할 것인가'가 중요하다

전달법을 아무리 배워도 표현력이 향상되지 않는 이유를 이제 알겠는가? 이 두 가지 기술은 소통할 때 각각 적용되는 단계가 다르다. 그래서 아무리 전달법을 익혀도 머릿속에 있는 생각을 언어화하는 기술은 발전하지 않는다.

그럼 '무엇을 말할 것인가'와 '어떻게 말할 것인가' 중에 어느 쪽이 더 중요할까? 가상회의의 상황을 예로 들어 좀 더 자세히 살펴보자.

여기서도 주인공은 당신이다. 다만, 시점을 조금 바꿔보자. 이번에는 당신이 팀장이 되어 의견을 듣는 쪽이라고 가정한다. 그럼 다음 페이지를 보자.

회의 내용: 신상품의 판촉 포스터 디자인 검토

참석자: 4명

※ 포스터 디자인으로 두 가지 시안이 올라왔다.

테이블 위에 이번에 출시할 신상품의 판촉 포스터 안이 두 가지 놓여 있다. 당신은 이 팀의 팀장이다. 팀원들에게 어떤 안이 좋은지 의견을 묻는다.

당신 "A씨는 어느 쪽이 좋다고 생각합니까?"

A씨 "음…. 첫 번째 안이요…."

당신 "왜죠?"

A씨 "음…. 왠지 깔끔하게 정리되어 있는 것 같아서…."

당신 "B씨는 어느 쪽이 좋다고 생각해요?"

B씨 "음…. 저도 첫 번째가 좋은 것 같아요…."

당신 "그렇군요. 왜 그렇죠?"

B씨 "아니 그게… 심플해서요…."

당신 "그렇군요."

C씨 "저는 두 번째 안이 좋습니다."

당신 "왜죠?"

C씨 "이번 신상품은 바쁜 주부도 손쉽게 사용할 수 있다는 점을 콘셉트로 내세우고 있습니다. 두 번째 안이 주부를 대상으로 한 상품임을 바로 알 수 있을 뿐 아니라 글자도 눈에 띄어 콘셉트에 잘 부합하는 것 같습니다."

자, 당신이라면 어떤 의견을 채택하겠는가?

팀원들의 의견을 듣고 당신이라면 어떤 안을 채택할지 생각해보자. 물론 포스터 디자인 채택에 절대적인 정답은 없다. 다만 당신의 질문에 팀원들이 어떻게 대답했는지를 고려해보자.

이미 눈치챘을지 모르겠으나 세 팀원 중 A씨와 B씨의 의견은 말투만 다소 다를 뿐 둘 다 깔끔해서 좋다는 동일한 이야기였다. 반면에 C씨는 말하는 내용 자체가 달랐다.

그리고 A씨와 B씨의 의견은 구체성이 결여되어 설득력이 떨어진다. 두 사람은 머릿속에 어렴풋한 선호도는 가지고 있지만 명확하게 표현하지 못하는 상태다. 즉, 말의 해상도가 낮다. 그래서 '왠지 깔끔하게 정리되어 있는 것 같다', '심플해서 좋다'라고만 표현했다. 그러다 보니 누구나 말할 수 있을 법한 내용밖에 이야기하지 못했다.

반면, C씨는 전달 방식은 차치하더라도 이야기하는 내용이 구체적이다. 머릿속에 있는 어렴풋한 이미지를 말로 정확하게 표현할 수 있는 상태, 즉 말의 해상도가 높은 상태다. 다른 팀원이 말로 표현하지 못하는 부분까지 언어화해낸 독창적인 의견이므로 주위 사람도 납득할 만한 설득력을 충분히 갖추었다.

사람마다 공감하는 의견이 다를 수도 있지만 C씨처럼 의견을 말할 수 있는 팀원이 있다면 팀장으로서 아주 든든할 테다. 이번에는 의견을 수렴하는 팀장 편에서 생각해봤지만, 우리도 세 명의 팀원처럼 평소에 자신만의 의견을 제시해야 하는 상황에 자주 맞닥뜨린다.

왜 주위 사람을 납득시킬 만큼 설득력 있는 의견을 제시하는 일이 그토록 어려울까?

이런 고민의 근본적인 원인을 '어떻게 말할 것인가'에서 찾으면 곤란하다. 이런 고민은 '무엇을 말할 것인가'를 스스로 정리하지 못하고 표현하지 못하는 상태에서 비롯된 문제임을 자각해야 한다.

무엇보다 대부분은 다른 사람의 의견을 평가할 때 어떻게 전달하는지가 아니라 '무엇을 말하는지'에 초점을 맞춘다는 사실을 기억해야 한다. 즉, 사람들은 의견을 주고받을 때 어떤 의견을 듣고 다른 사람들이 생각하지 못한 독창적인 관점이 담겨 있는지, 새로운 깨달음을 주는지 여부로 그 사람의 역량을 평가한다.

한 번 더 강조하겠다. 이른바 '전달법'을 알려주는 책은 대부분 '어떻게 말할 것인가'에 초점을 맞춘다. 안타까운 이야기지만 '표현법', 즉 '무엇을 말할 것인가'를 언어화하지 않은 채 그 뒤에 해야 할 일인 '어떻게 말할 것인가'를 아무리 고심해봐야 진짜 고민은 해결되지 않는다.

사람의 뇌리에 박히는 말은 핵심 메시지로 결정된다

카피라이터와 일해본 경험이 없는 사람에게 카피라이터가 어떤 일을 하는 사람인지 물어보면 대개 광고 카피를 쓰는 일, 즉 전달법을 고민하는 일이라고 답한다. 크게 틀린 말은 아니지만 광고 카피를 쓰는 일은 카피라이터의 업무 가운데 극히 일부에 지나지 않는다.

결론부터 이야기하면 말이 사람의 뇌리에 박히느냐 마

느냐는 대부분 내용으로 판가름 난다고 해도 과언이 아니다. 그래서 카피라이터는 더 많은 시간을 들여 '무엇을 말할 것인가'를 고민한다. 사실상 생각을 언어화하는 능력이 좋고 나쁨에 따라 카피라이터의 역량이 결정된다. 그렇다면 왜 사람의 뇌리에 박히는 말이 메시지의 내용으로 결정될까? 그 이유는 카피라이터의 업무를 예시로 들어 좀 더 구체적으로 설명하겠다.

도표4 'what to say'와 'how to say'

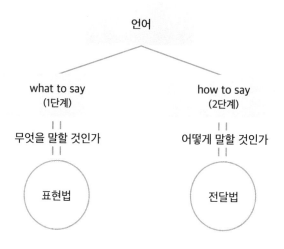

예를 들어 자동차의 광고 카피를 구상 중이라고 하자. 이때 카피라이터는 크게 두 단계로 나누어 카피를 생각한다. 바로 'what to say'와 'how to say'라는 단계다. 알기 쉽게 말하면 'what to say'는 '무엇을 말할 것인가'고 'how to say'는 그것을 '어떻게 말할 것인가'다〈도표 4〉.

간단한 두뇌 트레이닝이라고 생각하고 자동차 광고의 'what to say'를 함께 생각해보자. 당신이라면 어떤 이야기를 하고 싶은가?

자동차의 어떤 점을 매력적으로 드러내야 사람들의 마음을 사로잡고 그 자동차를 갖고 싶게 만들 수 있을까? 정답은 없다. 'what to say'를 생각할 때는 문장이나 어감에 구애받지 말고 생각나는 대로 쭉쭉 써보는 것이 중요하다. 그럼 한번 시험 삼아 1분 동안 생각나는 대로 작성해보자.

➡ 당신이라면 어떤 내용을 쓰겠는가?

   ○

   ○

   ○

작성을 마쳤다면 아래 예시를 살펴보면서 추가로 설명하겠다.

➡ **자동차 광고의 'what to say' 예시**

- 디자인이 아름답다.
- 색상이 예쁘다.
- 누구나 운전하기 쉽다.
- 크기가 적당하다.
- 가족이 모두 탈 수 있다.
- 장시간 타도 쉽게 피로해지지 않는다.
- 연비가 좋다.
- 짐을 많이 실을 수 있다.
- 제작자의 의도가 잘 반영되었다.
- 여러 세대에 걸쳐 발전해왔다.
- 이미 많은 사람이 선택했다.

여기에 쓴 것 외에도 무수히 많은 내용을 쓸 수 있다. 당신은 몇 가지나 생각해냈는가? 시간이 부족해 조금밖에 작성하지 못했을 수도 있고, 피상적인 내용밖에 쓰지 못해 답답했을 수도 있다. 이 느낌을 잊지 말자.

우리는 거의 매일 자동차를 보게 된다. 거리를 걷다 보면 반드시 자동차를 만날 수밖에 없고 텔레비전에서도 자동차 광고는 빠지지 않는다. 자동차를 타고 매일 통근하는 사람도 있을 것이다. 그런데 자동차가 어떤 매력을 가지고 있는지 물어보면 의외로 제대로 된 답을 하기 어렵다는 사실을 깨닫는다.

왜 그럴까? 평소에 느끼거나 생각하는 것들이 머릿속에서 제대로 언어화되어 있지 않기 때문이다. 생각이나 의견이 머릿속에서 어렴풋한 상태로 방치되어 있는 탓에 갑작스러운 질문에 순간적으로 표현하지 못한다. 다시 말해, 소통할 때 무엇을 말해야 할지를 모르는 상태다.

'무엇을 말할 것인가'가 당신만의 관점이다

그렇다면 왜 광고 카피를 만들 때 'what to say'가 더 중요할까? 새로운 관점이야말로 사람을 매료하고 움직이기 때문이다.

누군가 어느 자동차의 광고 카피를 보고 '지금까지는 생각해보지 못한 부분인데 자동차에 이런 매력도 있구나'라고 느낀다면 성공적인 광고라고 할 수 있다. 이처럼 독창적인 관점이 사람의 마음을 움직인다.

광고 카피뿐 아니라 평소 업무를 하면서 의견을 주고받을 때도 마찬가지다. 앞서 판촉 포스터 디자인의 예를 살펴봤을 때 세 명 중 C씨만 자기만의 생각을 가지고 있었다. 사람들은 그런 독창적인 관점에 설득력을 느끼고 높은 점수를 준다. 평소에 일하면서 새로운 발견이나 깨달음을 주는 사람에게 자연스럽게 호의나 존경심이 생기는 경험을 한 번쯤 해봤을 것이다.

한편, '어떻게 말할 것인가' 단계에서는 전하려는 메시지를 더 이상 바꿀 수 없다. 하려는 이야기는 정해져 있고 말하는 방식만 달라질 뿐이다. 그래서 새로운 관점을 더하려면 '무엇을 말할 것인가' 단계에서 숙고하는 과정을 꼭 거쳐야 한다. 다시 말해 높은 평가를 받고 싶다면 독창적인 생각을 반드시 구체적인 언어로 만들어야 한다. 이 점이 내가 하려는 이야기의 핵심이다.

물론, 'how to say'를 생각하는 것도 카피라이터의 중요한 업무 중 하나다. '00가지 방법'이나 '한번 보면 절대로 잊지 않는'과 같은 수사 표현이나 숫자를 사용한 표현 등 다양한 스킬이 있는데 이 책에서는 그런 부분을 다루지 않는다. 애석하게도 다양한 화술 책에서 소개하는 수사법, 즉 '어떻게 말할 것인가'에 대한 조언이 어떤 말을 해야 할지 모르겠다는 고민을 근본적으로 해결해주거나 직장에서 좋은 평가를 받게 해준다고 생각하지 않기 때문이다.

메시지를 분명하게 전달하고 매력적으로 말하는 기술도 분명 중요하다. 하지만 이는 어디까지나 소통의 마지막 단계에 필요한 기술일 뿐이다. 「시작하며」에서도 언급했지만 아무리 '멋진 옷'을 차려입어도 결국 마지막에는 '본질'이 무엇인지가 중요하다.

말을 잘하려고 애써 노력할 필요 없다. 사람들이 듣고 싶은 것은 구체적인 당신의 생각과 의견이다. 즉 '무엇을 말할 것인가'를 잘 다듬는 것이 소통의 핵심이다.

지금까지 카피라이터의 입장에서 커뮤니케이션을 '무엇

을 말할 것인가'와 '어떻게 말할 것인가'로 구분했을 때 '무엇을 말할 것인가'가 더 중요하다는 이야기를 했다. 특히 요즘에는 발언하는 내용의 중요성이 점점 더 커지고 있다. 코로나바이러스 사태의 영향으로 일하는 방식이 변하고 있기 때문이다.

독창적인 관점이 중요한 시대

코로나바이러스 사태로 생활 양상은 완전히 달라졌다. 이제 '위드 코로나'라는 시대를 맞이하며 일하는 방식도 큰 변화를 겪고 있다. 특히, 코로나바이러스 유행과 관계없이 재택근무 및 원격 근무를 도입하는 기업이 늘면서 온라인 회의도 자연스럽게 자리 잡았다.

온라인 회의가 자연스러운 업무 방식으로 정착하면서 대면 회의에 비해 회의에 참석하는 사람들의 관계도 점점 수평적으로 바뀌고 있다. 전통적인 상석 및 하석이라는 개념이 희미해지고 직함이나 소속을 초월한 논의도 늘어나고 있다.

카피라이터들이 자주 참석하는 기획 회의를 예로 들면, 대면 회의에서는 연차가 높고 목소리가 큰 직원의 아이디어가 채택되는 경우가 많았고, 연차가 낮고 주장이 강하지 않은 직원의 아이디어는 경시되는 면이 있었다. 하지만 온라인 회의를 도입한 후로는 수평적인 관계 속에서 아이디어의 좋고 나쁨을 판단할 수 있게 되었다.

왜 그럴까? 이런 변화의 원인을 고민해보다가 나름대로 하나의 답에 도달했다. 온라인 회의는 대면 회의보다 상대방의 말을 객관적으로 듣기 쉽고, 발언을 하기에도 더 편한 환경이다.

예를 들어, 위압적인 상사가 이야기를 하고 있더라도 화면 너머에서 발언이 들려오기 때문에 분위기에 압도당하지 않고 한발 물러나 발언을 평가할 수 있다. 아직 경험이 많지 않은 직원들도 회의 분위기에 지나치게 얽매이지 않고 자신의 의견을 쉽게 말할 수 있다. 따라서 분위기나 발언하는 사람의 배경보다는 내용 자체를 더 중시하는 흐름이 정착되고 있다. 설령 신입사원의 의견이라도 회의에서 정곡을 찌르는 발언이 나오면 '일리가 있는 의견이군' 하고 순순히 받아들이는 환경이 마련된 것이다.

반면에 자신의 생각과 의견을 제대로 표현하지 못해 우물쭈물하거나 아무런 아이디어 없이 얼렁뚱땅 그 자리를 모면하려고 하면 듣는 사람에게 실망감을 줄 가능성이 예전보다 높아졌다. 즉, 전달력보다 '표현력'을 더 중시하는 시대가 된 것이다.

불행인지 다행인지는 모르겠지만 앞으로 점점 더 표현력을 요구하는 시대가 될 전망이다. 이 책을 손에 든 당신은 이런 경향을 자연스럽게 깨닫고 있는 훌륭한 사람이라고 생각한다.

'회의에서 갑작스러운 질문에 좀처럼 말이 나오지 않는다', '상담할 때 내가 무슨 말을 하고 있는지 모르겠다', '기획서에 쓸 말이 떠오르지 않는다'.

이처럼 일상적인 업무를 할 때 일어날 수 있는 표현력 부족 문제를 해결하면 당신을 향한 평가가 극적으로 바뀔 뿐 아니라 스스로 더 즐기면서 일할 수 있다.

여기까지 읽고, '표현력이 왜 중요한지는 알겠는데, 그럼 이제 어떻게 해야 하지?'라고 생각하는 분이 많을 것이다. 이 물음에 답하기 위해 다음 장에서는 우리가 표현에 어려움을 느끼는 근본적인 원인을 밝혀내고, 동시에 어떻게 하면 표현력을 기를 수 있는지 설명하겠다.

2장

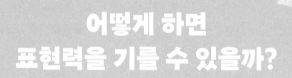

어떻게 하면
표현력을 기를 수 있을까?

당신은 평소처럼 이른 아침 집을 나서서
가장 가까운 역까지 걷고 있다.

걷는 동안 당신은 어떤 생각을 하고 무엇을 느끼고 있는가?

아무것도 느껴지지 않는다고 생각할지 모른다.
하지만 그렇지 않다. 누구나 일상 속에서 무언가를 느끼며 살아간다.

정확히 말하면 '아무것도 느껴지지 않는다'가 아니라
'느끼고 있지만 스스로 깨닫지 못하고 있다'가 올바른 표현이다.

이 점을 인식하는 것이
표현력을 기르는 첫걸음이다.

그렇다면 무의식적인 생각을 어떻게 말로 표현할 수 있을까?
이 장에서는 표현력이 길러지는 구조를 설명한다.

누구나 표현력을 기를 수 있다

|

1장에서는 '어떻게 말할 것인가'보다 '무엇을 말할 것인가'가 중요해지고 있다는 점을 이야기했다. 1장을 읽으면서 '무슨 말인지는 알겠는데 그럼 어떻게 해야 표현력을 기를 수 있지?'라고 생각한 사람이 많을 것이다.

가장 먼저 드리고 싶은 말은 누구든 표현력을 기를 수 있다는 사실이다. 카피라이터이니 이런 말을 쉽게 하는 게 아닌가 싶겠지만 나 또한 이 일을 하기 전까지는 글재주가 없어 무언가 쓰는 일을 늘 어려워했다.

어렸을 때부터 사람이 많은 곳에 가면 긴장되고 울렁거려서 남들 앞에서 이야기하기가 매우 부담스럽고 서툴렀다. 유머를 섞어가며 재미있게 이야기하고 듣는 이의 마음을 울리는 감동적인 대화를 하는 사람도 있지만 그렇지 않은 사람도 많다. 말솜씨가 뛰어나거나 그렇지 못한 것은 어느 날 갑자기 결정되지 않는다. 타고난 성격이나 자라온 교육 환경 등이 큰 영향을 미친다.

하지만 '말을 잘하는 것'과 '표현력'은 전혀 다른 문제다. 이 점이 매우 중요하므로 반드시 기억하자. 말을 잘하고 못하는 것은 '어떻게 말할 것인가'에 해당하는 부분이고, 언어화를 잘하고 못하는 것은 '무엇을 말할 것인가'에 해당하는 부분이기 때문이다.

비록 사람들 앞에서 말하는 것이 서툴러도 내 안에서 하고 싶은 말을 제대로 언어화할 수 있다면 갑자기 당황스러운 질문을 받아도 자신의 생각이나 의견을 제대로 표현할 수 있다. 긴장해서 다소 말문이 막히거나 더듬거리며 이야기할지는 몰라도 의사를 전달하는 데는 전혀 문제가 없다. 상대방은 능숙한 말투를 기대하는 것이 아니라 발언하는 내용 자체에 관심이 있기 때문이다.

다시 강조하지만 표현력은 누구나 기를 수 있다. 실제로 이 책의 내용을 실천한 사람들이 아래와 같은 피드백을 주고 있다.

"필요할 때 필요한 말이 순간적으로 나오게 되었어요."
"자연스럽게 말이 쏟아져 나와요."
"의견에 설득력이 생겼어요."

무엇보다 옛날부터 생각을 말로 표현하는 일에 서툴렀던 나도 프로 카피라이터로 일할 정도니 누구나 표현력을 기를 수 있다고 자신 있게 말할 수 있다. 물론 내게는 카피라이터로 살기 위해 표현력을 끌어올려야 했다는 현실적인 상황도 있었다.

그럼 표현력을 기르려면 모두가 카피라이터라는 직업을 가져야 하는 걸까? 전혀 그렇지 않다. 답은 간단하다. '표현력이 길러지는 환경'을 스스로 만들면 된다. 굳이 직업을 바꿀 필요는 없다.

하지만 환경을 바꾸기가 그리 쉽지는 않다. 처음에는 의욕 넘치게 어떤 일을 시작하지만 어느새 작심삼일로 끝나는 경우를 우리는 매우 많이 경험해왔다.

그렇기 때문에 이 책에서는 카피라이터로 일하면서 얻은 지식을 살려 가급적 간단하고, 업무에 부담을 주지 않으면서 자연스럽게 표현력을 몸에 익힐 수 있는 방법을 전하고자 한다. 이 방법을 실천해보면 표현력이 재능 있고 특별한 사람만이 가진 능력이 아니라 누구나 기를 수 있는 능력이라는 사실을 느낄 수 있을 것이다.

표현력을 몸에 익히는 구체적인 방법은 3장에서 소개하기로 하고, 그 전에 사람들이 자신의 생각을 잘 언어화하지 못하는 근본적인 원인이 무엇인지 함께 생각해보도록 하겠다.

3장부터 소개하는 트레이닝의 실천으로 바로 들어가도 되지만 왜 이 방법이 표현력을 기르는 데 효과적인지 이유를 알고 나면 트레이닝의 효과가 더욱 커질 것이다. 그뿐 아니라 원인을 아는 것만으로도 그동안 가지고 있던 고민이 크게 해소된다.

우리는 무의식적으로 많은 것을 느낀다

우리는 왜 자신의 생각을 잘 표현하지 못할까? 그 원인을 찾기 위해 다시 가상회의에 참석해보자.

광고업계에서는 어떤 일을 시작할 때 '오리엔테이션'이라는 과정을 거친다. 클라이언트가 광고하고 싶은 상품의 개요나 콘셉트, 타깃, 추구하는 광고 전략 등을 먼저 브리핑하는 자리다. 오리엔테이션의 내용을 바탕으로 광고 회사는 어떤 광고를 제안하면 좋을지 검토한다.

오리엔테이션을 진행한 후에는 사내에서 킥오프 회의가 열린다. 킥오프 회의의 진행 방식이나 분위기는 업계나 업종에 따라 다르겠지만 광고업계에서는 첫 회의부터 바로 답을 찾는 논의는 별로 선호하지 않는다.

대신 최근 일상에서 느끼는 불편이나 의문점 등 오리엔

테이션을 진행한 상품과 관련해 평소 자신의 생각과 의견을 자유롭게 이야기하는 경우가 많다. 킥오프 회의에서는 참가자들이 특별히 사전에 뭔가를 조사하거나 세부적인 기획을 준비해오지 않는다. 이 때문에 킥오프 회의는 자신의 생각과 의견을 있는 그대로 표현하는 시간이기도 하다.

그럼 카피라이터들이 평소에 참석하는 킥오프 회의에 당신도 참석했다고 생각하고 다음 내용을 읽어보자.

클라이언트: 맥주 회사

오리엔테이션 개요: 맥주 신상품의 연간 캠페인 제안

회의 참가자: 약 6명

오리엔테이션을 진행한 후 첫 번째 사내 킥오프 회의가 시작되었다.
회의 참가자 중 한 명이 곧바로 질문을 던졌다.

"가장 최근에 맥주를 마신 게 언제예요?"
이 질문에 다른 참가자들도 이야기에 동참한다.

"저는 집에서 거의 매일 마셔요. 샤워 후에요."
"그래요? 저는 집에서는 술을 안 마셔요."
"저는 맥주를 별로 안 좋아해서 최근에 마신 기억이 없네요."

각자가 자유롭게 맥주와 관련된 자신의 경험이나 이야기를 꺼내기 시
작한다.

이후 논의가 조금씩 깊어졌고 회의 주제가 '청년들의 맥주 이탈 현상'으로 바뀌었다. 그리고 당신에게도 질문이 날아왔다.

"○○ 씨는 왜 요즘 젊은 사람들이 맥주를 마시지 않는다고 생각하시나요?"

자, 당신이라면 이 질문에 어떻게 대답하겠는가? 자유롭게 생각하고 답해보자. 아래 여백에 써봐도 좋다.

이 갑작스러운 질문에 뭐든 대답할 수 있다면 평소 생각을 표현하는 데 크게 어려움을 느끼지 못하는 수준이라고 생각하면 된다. 하지만 바로 답변이 떠오르지 않는다면 표현력을 더욱 길러볼 기회로 삼자.

순간적인 질문에 말문이 막히거나 제대로 답하지 못하고 쓴웃음만 짓는다면 내내 침묵이 흐르는 어색한 회의가 되고 말 것이다. 누구라도 이런 진땀 나는 상황은 될 수 있으면 피하고 싶을 것이다. 그럼 왜 이렇게 힘든 상황이 펼쳐지는 것일까? 왜 재깍 답변이 나오지 않았을까?

본질적인 원인을 찾기 위해 다시 가상회의로 돌아가보자. 이 회의에서 맥주를 마시느냐 마시지 않느냐는 별로 중요하지 않다.

맥주를 마시는 사람의 의견도, 마시지 않는 사람의 의견도 모두 중요하기 때문이다. 여기서 가장 중요한 포인트는 맥주를 마시는 사람이든 마시지 않는 사람이든 누구나 평소에 맥주를 떠올렸을 때 갖게 되는 특정한 느낌이 있다는 사실이다.

예를 들어 맥주를 너무 좋아해 매일 밤 마시는 사람이라면 어떨까? 왜 매일 밤 맥주를 마시고 싶은지, 어떤 순간에 맥주가 생각나는지, 맥주 첫 모금을 넘기는 순간 기분이 어떤지 등 자신만의 느낌이 있을 테다.

반대로 평소에 맥주를 전혀 마시지 않는 사람이라면 어떨까? 맥주가 끌리지 않는 이유가 무엇인지, 다른 사람이 맥주를 마시는 모습을 보면 어떤지, 어떤 계기로 맥주를 마시지 않게 되었는지 등 맥주를 마시지 않는 경우에도 다양한 생각, 경험, 느낌을 가지고 있을 수 있다.

깨닫지 못할 뿐, 이미 많은 것을 느끼고 있다

회의에서 다룬 '청년들의 맥주 이탈 현상'이라는 주제를 좀 더 파고들어 보겠다. 일상에서 청년들이 맥주를 마시거나 마시지 않는 장면을 목격한 적이 있는가?

가령 술집에서 우연히 옆자리에 앉은 대학생 무리 중에 맥주를 주문하는 사람이 아무도 없는 장면일 수도 있고, 같은 회사 직원들과 저녁을 먹는데 신입 직원이 맥주 대신 하이볼을 마시겠다고 하는 장면일 수도 있다. 아니면 퇴근 길에 있는 편의점에서 맥주를 마시며 한가롭게 이야기하는 젊은이들의 *모습일 수도 있다. 이런 예를 들면 다음과 같은 불만을 드러내는 사람이 있을지도 모르겠다.

"아니, 그런 걸 어떻게 하나하나 다 기억해요?"
"그런 장면을 봐도 아무 생각이 나지 않아요."

실은 바로 여기가 맹점이다. 좋아하는 취미를 즐길 때나 실연당하고 슬플 때만큼은 아니겠지만 일상에서도 우리는 여러 감정을 느끼며 살아간다. 다만 그 느낌이 강렬하지 않아서 스스로 깨닫지 못하고 있을 뿐이다. 즉, 생각의 해상도가 낮은 상태다.

사실 대부분의 사람이 일상 속에서 느꼈던 무의식적인 깨달음, 불편함, 의문 등을 일일이 알아차리거나 감각하지는 못한다. 귀찮고 피곤한 일이기 때문이다. 그럼 생각을 인식하고 언어화할 수 있는 사람과 할 수 없는 사람의 차이는 어디서 나올까?

먼저 아무 일도 일어나지 않는 것 같은 일상 속에서도 우리는 무언가를 느끼고 있다는 사실을 깨달아야 한다. 이런 깨달음만으로 생각을 언어화할 수 있는 능력의 절반은 결정된다고 해도 과언이 아니다.

앞서 예로 든 '청년들과 맥주'에 관한 몇 가지 장면을 만났을 때도 분명 어떤 생각이나 느낌이 스쳤을 것이다. 다만 느낀 점이 머릿속에서 뚜렷하게 말로 표현되어 있지 않기 때문에 자신이 느끼고 있는 것이 무엇인지 스스로 깨닫지 못했을 뿐이다.

옆자리에 앉은 청년들이 아무도 맥주를 마시지 않는 모습을 보는 순간, 무엇을 느낄 수 있는지 시험 삼아 한번 표현해보겠다.

'요즘은 맥주를 정말 안 마시는구나.'
'그래도 건배는 하네.'
'요즘엔 하이볼이 맥주 대용일까?'
'요즘 젊은이들은 술 자체를 마시지 않는다고 들었는데 꼭 그렇지는 않군.'

그 밖에도 많겠지만 이렇게 하나하나 말로 표현해보면 순간적으로 얼마나 많은 것을 느끼고 있는지 알고 놀랄 것이다. 다시 말하면, 언어로 표현하지 않으면 자신이 어떻게 느끼고 있는지조차 알아차리기 어렵다.

생각의 99%는 무의식으로 밀려난다

이처럼 우리는 평소 생활을 하면서 무의식적으로 다양한 감정을 느끼거나 깨닫고 생각한다. 하지만 그것을 일일이 언어로 표현할 기회는 많지 않다. 그렇기에 실제로는 느끼고 있는 많은 것들이 대부분 어렴풋한 이미지로 머릿속을 스칠 뿐 그대로 무의식에 방치된다〈도표 5〉.

자신이 무엇을 느꼈는지 깨닫지 못하기 때문에 아무 생각도 나지 않는다고 여길 수밖에 없다. 느낀 점을 구체적으로 정리하여 누군가에게 전달하거나 설득시키지 못하는 것도 당연하다. 머릿속 생각이 어렴풋한 이미지 상태라는 것을 깨닫고 누군가에게 전달할 수 있는 상태로 치환하는 일이 언어화고, 그 능력이 바로 표현력이다.

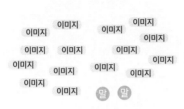

사람들이 생각을 언어화하는 데 얼마나 서툰지 업무상 경험에 비추어 이야기해보겠다. 카피라이터의 업무 중에 기업 경영자나 프로젝트 매니저와 인터뷰를 하고 그 내용을 알맞은 표현으로 정리하는 일이 있다. 이때 나오는 표현이 기업의 비전이 되기도 하고 상품의 슬로건이 되기도 한다. 이 업무를 담당하면서 생각과 의견을 말로 표현하기가 얼마나 어려운지를 새삼 깨닫는다.

경영자나 프로젝트 매니저는 기업의 활동이나 사업을

통해 만들어가고 싶은 세상의 모습을 그린다. 어떻게든 사회에 공헌하려는 비전도 품는다. 그 생각을 인터뷰 상대에게 다양한 방식으로 알려주는데, 알아듣기 쉽게 핵심을 찌르는 분이 많지는 않다. 그렇다고 그 경영자나 프로젝트 매니저가 언변이 어눌한 분들은 결코 아니었다.

경영자는 평소 회사 내에서나 미디어에서 자신의 생각을 전달할 기회가 많다. 프로젝트 매니저 또한 어떤 의견을 팀원들에게 알려주어야 하는 경우가 빈번하다. 즉, 일상적으로 의견을 낼 기회가 많은 사람이라도 전하고 싶은 내용을 제대로 표현하는 것은 생각만큼 쉬운 일이 아니다.

왜 그럴까? 정말 전하고 싶은 내용이 무엇인지 자신조차도 잘 모르기 때문이다.

경영자나 프로젝트 매니저는 회사나 프로젝트의 비전에 관해 누구보다 많이 생각하고 그만큼 다양하게 고민한다. 그러면서 머릿속에서는 이미지가 어렴풋이 그려지지만 막상 그 이미지를 설명하려고 하면 잘되지 않는다. 자신도 명확히 언어화하지 못한 내용을 상대에게 제대로 전달할 수는 없다.

비단 경영자나 프로젝트 매니저만의 문제는 아니다. 이와 비슷한 어려움을 토로하는 사람이 매우 많다. 그런데 이런 분들과 매일 마주 보고 이야기를 나누는 카피라이터는 어떻게 그들의 생각을 적확한 말로 정리해 표현할까? 바로 이 질문에 표현력을 기를 수 있는 비밀이 숨어 있다.

무의식 속 99%를 의식으로 가져오려면?

여기서 잠시 카피라이터가 평소에 어떤 작업을 하는지 이야기해볼까 한다. 특히 신인 카피라이터는 조직에 소속되어 있든 프리랜서든 관계없이 선배들에게 "뭐든 좋으니까 일단 카피부터 써봐요"라는 조언을 듣는다.

이 말을 듣고 '그게 무슨 조언이야?'라고 생각할지도 모르겠다. 보통은 신입 사원이 입사하면 기본적인 일의 규칙이나 방법을 배우는 것이 일반적이다. 먼저 업무상 필요한 사내 시스템을 익히고 순차적으로 단계를 밟으면서 작은 업무부터 맡아 수행한다.

하지만 카피라이터는 선배에게 카피 작성의 규칙이나 방법을 배우지 않는다. 요즘은 파워포인트나 엑셀 등 컴퓨터를 활용한 문서 작성법도 학교에서 다 가르쳐주지만 카피라이팅 기술을 알려주는 수업은 거의 없다. 그래서 많은 카피라이터가 학교를 졸업하고 회사에 들어간 후에 본격적으로 카피라이팅을 배운다.

이것만 놓고 보면 카피라이터 교육 시스템이 굉장히 비효율적이라고 생각하는 사람도 있을 것이다. 확실히 그런 면이 있다는 것은 부정할 수 없다. 하지만 일단 써보는 행위야말로 표현력의 핵심인 언어화를 연습하는 데 매우 중요한 훈련이다(지금에서야 이렇게 말할 수 있지만 나도 신입일 때는 이런 상황을 이해하지 못하고 많은 고생을 했다).

언뜻 생각하면 효율을 중시하는 요즘 시대에 맞지 않는 훈련이라고 생각할지 모르겠지만 이 과정에서 분명 표현력이 자연스럽게 길러진다.

메모가 무의식 속 생각을 언어로 표현해준다

그럼 왜 '일단 써보기'가 표현력 향상으로 이어질까? '업무 상 매일 카피를 쓰다 보면 아무리 초보자라도 표현법이 몸에 배겠지'라고 생각하는가? 물론 이 말도 일리가 있지만 표현력을 익히는 중요한 포인트는 일단 카피를 써본다는 행위 자체가 결코 아니다. 중요한 것은 '자신의 생각을' 일단 써본다는 점이다.

내가 이렇게 단언하는 이유가 있다. 이를 설명하기 위해 메모로 표현력이 길러지는 과정을 정리해보았다. 다만 여기서 설명하는 내용은 어디까지나 경험을 바탕으로 한 가설일 뿐이다. 즉, 평소 업무를 통해 느낀 점을 알기 쉽게 정리해 이미지로 만든 것이다. 그렇지만 '일단 써보기'가 표현력 향상으로 이어지는 이유를 이해하는 데 조금은 도움이 되리라 생각한다.

메모로 표현력이 길러지는 과정에는 〈도표 6〉과 같이 6단계가 있다. 지금부터 그 단계를 하나씩 설명하겠다.

① 어떤 주제에 관한 생각이 뇌 속에서 극히 일부만 언어로 표현되어 있다. 대부분은 어렴풋한 이미지 상태다.

② 이미 언어로 표현되어 있는 극히 일부의 말을 일단 메모지에 써본다.
→ 뇌 속에서 끄집어낸 말로 생각을 객관적으로 인식한다.

③ 객관적으로 인식된 말이 기폭제가 되고, 그 말에서 연상되는 머릿속 이미지가 자연스럽게 또 다른 언어로 표현된다.

④ 추가로 언어화된 말을 메모지에 다시 쓴다. 추가로 언어화된 말에서 연상되는 머릿속 이미지가 더 많은 언어로 표현된다.

⑤ 메모지 위에 표현된 다양한 생각을 '언어'로 재인식한다.

⑥ 다양한 생각이 언어의 형태로 뇌에 저장된다.
= 표현력을 보유한 상태가 된다.

① 생각의 대부분은 머릿속에서 말로 표현되어 있지 않다

어떤 주제든 당신이 특정한 일에 관해 품고 있는 생각과 의견은 극히 일부만 언어로 표현되어 있고 대부분은 어렴풋한 이미지 상태로 무의식 속에 존재한다. 일부러 의식하지 않으면 무의식 안에 있는 생각을 끄집어낼 수 없고 언어화해서 누군가에게 전달할 수도 없다.

② 머릿속에서 말로 표현된 내용을 일단 써본다

무의식적으로 느끼고 있는 여러 생각 중 말로 구체화되어 있는 내용을 먼저 써보자. 자신의 생각을 뇌에서 일단 분리하여 객관적으로 바라본다고 생각하면 좋다. 사실 여기가 굉장히 중요한 포인트다. 이 과정을 머릿속으로만 수행하기는 매우 어렵다. 메모를 하면서 시각적인 신호로 바꾸면 객관적이고 효율적으로 자신의 생각을 다시 마주할 수 있다.

③ 메모가 기폭제가 되어 무의식이 또 다른 말로 표현된다

메모를 통해 뇌에서 분리한 생각은 지금까지 무의식적으로 느끼고 있던 것을 언어로 표현하게 하는 기폭제 역할을 한다. 메모한 말을 계기로 당시 상황과 느낌이 구체적으로 떠오르고 왜 자신이 그렇게 느꼈는지 등을 마치 연상 게임처럼 자연스럽게 표현할 수 있다. 일단 써본 말이 자신의 사고를 더 깊이 있게 만들어주고 무의식적 생각을 표현하게 하는 발단이 되는 셈이다.

④ 말로 표현한 무의식 속 생각을 추가로 쓴다

그렇게 깊어진 생각을 다시 메모지에 써본다. 그러면 자신의 생각을 더 객관적으로 인식할 수 있다. 이 과정을 반복하면 무의식 속 생각이 고구마 줄기를 캐내듯 연상 작용을 일으켜 또 다른 새로운 생각이 줄줄이 딸려 나온다.

⑤ 추가로 작성한 말이 다시 기폭제가 된다

그렇게 눈앞에서 써 내려간 다양한 말들은 어렴풋한 이미지로 잠들어 있던 당신만의 생각이다. 이렇게 무의식 속 생각을 다시 한 번 언어로 재인식할 수 있다.

⑥ 생각이 말의 상태로 대량 저장된다

이런 과정을 거치면 무의식적인 생각을 언어로 머릿속에 저장할 수 있다. 이때부터는 설령 누군가가 갑자기 질문을 하더라도 순간적으로 대답이 튀어나온다. 즉, 표현력을 보유한 상태가 된다.

어떤가? 표현력을 기르는 데 메모가 얼마나 큰 도움이 되는지 조금이나마 이해하셨다면 좋겠다. 앞서 말했지만 표현력을 기르는 가장 중요한 포인트는 '일단 무엇이라도 써 내려가면서 객관적으로 내 생각과 의견을 인식한다'는 점이다.

처음 말과 글로 표현할 수 있는 것은 무의식이 품고 있는 생각과 의견이라는 빙산의 일각일 뿐이다. 구체적으로 어떻게 느꼈는지, 왜 그렇게 느꼈는지 등 깊은 부분까지 곧장 말이나 글로 표현하기는 어렵다.

하지만 바로 그 깊은 부분에 당신만의 생각이 담겨 있다. 자신만의 독창적인 관점은 누군가에게 이야기할 때 설득력을 한층 높여준다. 이 때문에 차근차근 메모를 하면서 지금까지 말로 표현되지 않았던 깊은 생각을 언어화하는 과정이 중요하다. 이 과정을 머릿속으로만 수행하기에는 매우 어렵기 때문이다.

여기까지 다소 이론적인 이야기를 했다. 이제 구체적인 예시를 들어 함께 생각해보자.

옆자리 후배가 보고서를 검토해달라고 한다. 훑어보니 뭔가 어색하고 부족함이 느껴진다. 하지만 그 원인이 무엇인지 확실히는 알 수가 없다. 그래서 "말로는 뭐라 표현할 수 없지만, 이 부분이 뭔가 이상해"라는 식의 조언밖에 할 수 없었다.

이처럼 분명히 뭔가 이상하다고 느끼는 부분이 있어도 왜 그런지 바로 말하기란 의외로 어렵다. 그런데 만약 검토한 내용을 이메일로 보낸다면 어떨까? 이메일을 보낼 때는 보고서가 부족하다고 느낀 이유까지 언어로 표현해야 한다. "자료가 뭔가 이상함. 끝." 이렇게 회신해서는 아무런 도움이 되지 않는다. 그래서 보고서를 읽었을 때 뭔가 이상하다고 느낀 이유가 무엇인지 찾아보면서 생각을 정리할 수밖에 없다.

예로 든 이야기지만 누구나 한번쯤은 이런 경험이 있을 것이다. 이것이 바로 앞선 이야기의 실제 예시다. 일단 써보면 잠들어 있는 무의식 속 어렴풋한 이미지를 구체적인 언어로 표현할 수 있다. 좀 더 구체적으로 말하면, 무의식적으로 느끼고 있는 생각은 물론이고 그 이유까지 제대로 표현할 수 있다는 의미다.

밖으로 표현하지 않고 머릿속으로만 깊이 파고들다 보면 중간에 정리가 되지 않고 수습이 어려운 상황으로 치닫는 경우가 왕왕 일어난다. 급기야는 생각이 꼬이기 시작해 정리를 포기하기도 한다. 이런 면에서 메모는 매우 효율적이다. 일단 뭔가를 써보면 내가 느낀 것을 순서대로 정리할 수 있고 왜 그렇게 느꼈는지도 정리할 수 있다.

게다가 메모에는 무의식적으로 느끼고 있던 이미지를 눈에 보이는 형태로 정리할 수 있다는 점 외에 또 다른 장점이 있다.

머릿속에 잠들어 있는 여러 생각을 써보고 언어로 시각화된 내용을 쭉 바라보면 그중에서도 중요한 생각이 무엇인지 깨달을 수 있다. '이 의견은 누구나 할 법한 생각이네'라든가 '이건 다른 사람은 생각하기 어려운 관점일 수도 있겠네' 등 자신의 생각에 우선순위를 둘 수 있게 된다. 이런 깨달음은 당신의 발언이나 문장을 한층 더 매력적으로 만들어준다.

일단 써보는 행위는 무의식적으로 느끼고 있던 것이나 그렇게 느낀 이유를 표현하기 위한 지름길이다.

양이 속도를 좌우한다

3장에서 소개할 '표현력 트레이닝'은 제한 시간 내에 생각을 빠르게 써 내려가는 훈련이다.

'나는 이 일을 왜 하고 싶은가?'
'지금 우리 팀에 부족한 점은 무엇인가?'
'거리에 붙은 다양한 포스터를 보고 무슨 생각이 드는가?'

자세한 내용은 나중에 설명하겠지만, 위와 같이 평소에 스스로에게 다양한 주제로 질문을 던지고 무의식적인 느낌을 언어로 표현해보자. 다른 사람이 의견을 요구할 때를 대비한 연습이라고 생각하고 매일 습관적으로 실천하면서 자신의 생각을 알아가는 방법이다.

순간적으로 언어화할 수 있으려면 무의식 속 표현 저장고가 가득 차 있어야 한다. 평소에 특정 주제에 국한하지 말고 다양한 주제에 관해 자신이 어떻게 느끼는지를 말로 표현해보자.

당신만의 생각이 언어화되어 머릿속에 많이 쌓이면 어떤 질문이 날아와도 의견을 즉각 표현할 수 있다. 즉, '양'이 '속도'를 좌우한다. 따라서 평소에 언어로 표현하는 습관이 얼마나 길러져 있느냐, 말로 표현하는 환경을 얼마나 의도적으로 많이 만드느냐가 관건이다.

속도가 깊이로 이어진다

이 책이 제시하는 표현력 트레이닝에서는 한층 속도를 끌어올리기 위해 메모의 제한 시간을 2분으로 설정했다. 가령 '나는 이 일을 왜 하고 싶은가'라는 질문에 느긋하게 답하려고 하면 좀처럼 생각이 깊어지지 않는다. 어느 정도 집중할 수 있는 환경을 만들어야 그동안 깨닫지 못한 생각과 만날 수 있다. 즉, 집중해서 트레이닝을 해야 내용에 깊이가 생긴다.

여기서 '깊이 있는 생각이란 무엇인가'를 복습해보자. 앞서 설명한 것처럼 새로운 깨달음을 줄 수 있어야 깊이 있는 생각이다.

'오, 그걸 파악하다니. 제법 예리한 사람이군!'

여러 상사나 동료와 함께 일하면서 이런 생각을 해본 적이 있을 것이다. 새로운 관점이야말로 사람을 매료하고 움직이는 힘의 원천이다.

개개인의 무의식적인 생각 속에는 저마다 고유한 관점이 있다. 똑같이 태어나고 자라 똑같은 환경 속에 사는 사람은 없기 때문이다. 당신이 '무의식적으로 느끼고 있는 것'에는 당신만의 인생 경험이 크게 반영되어 있다. 즉, 당신의 독창적인 관점이 잘 반영된 생각일 가능성이 매우 높다. 그래서 머릿속에 있는 생각을 계속 언어로 표현해보면서 저장고를 채워나가면 당신만의 관점이 담긴 새롭고 깊이 있는 말이 많이 비축된다.

만약 '나는 평범한 의견밖에 말할 수 없는 사람이야'라고 생각한다면, 절대 그렇지 않으니 안심하기를 바란다. '나는 그저 그런 의견밖에 가지고 있지 않아'라는 생각은 오해다. 누구나 자신만의 관점을 가지고 있지만 단지 그것을 깨닫지 못할 뿐이다.

그럼 2장은 이쯤에서 마치고, 다음 장에서는 본격적으로 표현력 트레이닝에 필요한 구체적인 방법을 소개하겠다.

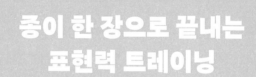

3장

종이 한 장으로 끝내는
표현력 트레이닝

지금 당신의 눈앞에 A4용지와 펜이 놓여 있다.
A4용지에는 다음과 같은 질문이 적혀 있다.

'좋은 상사에게 필요한 자질은 무엇인가?'

자, 이 질문을 읽고 생각나는 만큼 답변을 써보자.

당신은 좋은 상사에게 필요한 자질이 무엇이라고 생각하는가?
왜 그렇게 생각하는가?

제한 시간은 2분이다.
2분 안에 생각나는 것을 모두 써보자.

다 되었다면 지금부터 더 구체적으로 설명하겠다.

표현력 트레이닝을 습관으로 만들기

1장에서는 '표현력이 얼마나 중요한지'를, 2장에서는 '어떻게 하면 표현력을 기를 수 있는지(그리고 그 방법이 왜 '일단 써보기'인지)'를 설명했다. 이제 3장에서는 메모를 활용한 표현력 트레이닝의 구체적인 방법을 소개하겠다.

그런데 트레이닝이라고 하니 약간 주저하는 사람도 있을 것이다.

'이 책을 읽기만 하면 표현력이 금방 생기는 게 아니야?'

'읽기 전에 기대했던 내용과 다르군.'

만약 그렇게 생각했다면 죄송할 따름이다. 확실히 이 책을 읽는다고 하루아침에 모든 게 바뀌지는 않는다. 하지만 읽기만 해도 표현력을 곧장 습득할 수 있다고 말하는 책이 있다면 거짓말일 가능성이 크다. 표현력도 계발이 필요한 능력이기 때문이다.

앞서 이야기한 전달법은 비교적 바로 습득할 수 있을지 모른다. 평소에 하는 말을 조금 바꾸거나 덧붙이는 것으로 사람의 인상이 바뀌기 때문이다. 그렇기에 전달법은 능력이라기보다는 기술이다.

사고력을 예로 들어보자. 사고력을 기르기 위해서는 뇌를 꾸준히 단련해야 한다. 따라서 사고력도 기술이 아닌 능력의 범주에 속한다. 표현력은 사고력과 같다. 순간적으로 생각을 말로 표현할 수 있는 상태가 되려면 뇌를 훈련해 능력치를 높여야 한다.

그럼 표현력을 기르는 데 몇 개월 혹은 몇 년이나 걸린다는 말일까? 그렇지는 않다. 이 장에서 소개하는 표현력 트레이닝을 2주만 실천해보자. 어느 새 머릿속에 있는 생각을 구체적으로 표현하고 있는 자신을 발견할 것이다. 어떤 사람은 며칠 만에 효과를 경험할 수도 있다.

단, 이 훈련을 꼭 매일 하는 습관으로 삼기를 바란다. '하루 3장, 총 6분'만 할애하면 된다. 한 번에 많은 양을 써보는 것도 좋지만 매일 조금씩 양을 늘려가면서 최종적으로 일정 분량 이상에 도달하는 방식이 효과적이다.

표현력을 기르기 위한 6단계 메모법

지금부터 앞서 소개한 표현력 트레이닝의 구체적인 단계를 설명하겠다.

① A4용지를 준비한다

먼저 트레이닝에 사용할 종이를 골라야 한다. 어떤 종이를 골라야 한다는 절대적인 정답이나 규칙은 없다. 다만 주변에서 쉽게 구할 수 있는 A4용지를 추천한다. 깊은 생각에 도달할 만큼 충분히 생각을 써 내려갈 수 있는 크기이기 때문이다.

일반적으로 메모라고 하면 주머니에 들어갈 만한 작은 수첩을 상상한다. 하지만 이 트레이닝의 핵심은 어디까지나 머릿속 이미지를 종이 위로 자유롭고 편안하게 끄집어내는 것이다. 종이가 너무 작으면 쓸 수 있는 양에도 한계가 생긴다.

작고 좁은 종이를 눈앞에 두면 무의식 안에 있는 깊은 차원에 도달하기 어렵다. 종이가 작은 만큼 생각에도 한계가 생기기 때문이다. A4용지를 준비해 글자 크기에 너무 구애받지 말고 생각나는 대로 쭉쭉 써보기를 바란다.

A4용지를 추천하는 또 다른 이유는 편리하기 때문이다. 튼튼한 다이어리를 사용하겠다면 굳이 막을 생각은 없지만 불필요한 돈이 들기도 하고, 무엇보다 규격이 정해진 노트를 사용하면 제대로 된 기록을 해야 한다는 무의식적인 압박감을 느끼기 쉽다. 이 불필요한 부담감이 가볍게 생각을 써 내려가는 데 걸림돌이 될 수도 있다〈도표 7〉.

A4용지

→ 마음 가는 대로 자유롭게 메모할 수 있음

작은 수첩

→ 메모할 수 있는 양이 한정적이므로
작성 내용까지 한정할 수 있음

다이어리

→ 제대로 된 내용을 써야 한다는
압박감이 생길 수 있고 비용이 듦

앞으로 실천할 트레이닝에서 메모할 내용에는 정답도 오답도 존재하지 않는다. 당신이 쓴 메모는 모두 당신만의 생각과 의견이기 때문이다.

거듭 강조하지만 일단 써보는 행위가 가장 중요하다. 그럴수록 A4용지와 같이 편하게 사용하고 언제든지 버릴 수 있는 종이를 쓰는 편이 부담 없이 메모하는 데 여러모로 도움이 된다.

나도 광고 카피를 쓸 때는 일단 A4용지에 생각나는 것을 적어본다. 함께 일하는 카피라이터를 봐도 제대로 갖추어진 노트에 카피를 작성하는 사람은 거의 본 적이 없다. '쓴다'라는 행위를 '만들어낸 카피를 기록'한다는 개념이 아닌 '사고를 심화해가는 과정'이라고 생각하기 때문이다.

그럼 '왜 종이를 세로로 써야 하지?'라고 생각하는 분도 있을 것이다. 이는 ② 이후의 규칙과 관련 있다.

② 맨 위에 질문을 크게 쓰고 사각형 테두리를 그린다

'A4용지 한 장당 하나의 질문'이라는 규칙으로 트레이닝을 실천하고자 한다. 트레이닝의 핵심은 내 안에 잠들어 있는 무의식적인 생각과 의견을 밖으로 꺼내는 것이다. 다르게 말하면 이 트레이닝 시간은 자신의 내면과 진지하게 마주하는 시간이기도 하다. 스스로 자신을 취재한다고 생각하면 더욱 와닿을지도 모르겠다.

트레이닝을 하면서 딱 하나의 질문에 자신이 어떤 생각을 가지고 있는지를 스스로 진지하게 물어보고 말로 써내는 시간이라고 생각하길 바란다. 질문이 너무 많으면 머릿속이 산만해져 사고가 좀처럼 깊어지지 않는다. 표현되지 않은 내면의 생각과 의견을 깨닫는 일은 그리 간단하지 않으므로 꼭 하나의 질문에 집중하도록 하자.

질문 하나를 정했다면 그것을 A4용지 맨 위에 적는다. 이때 최대한 크게 쓰는 것이 중요하다. 또 질문에는 네모 테두리를 둘러 눈에 띄도록 표시하자. 지금 자신이 어떤 질문에 답하려고 하는지 항상 놓치지 않기 위함이다.

생각이 깊어지다 보면 자신도 모르게 샛길로 빠져 질문과 전혀 다른 생각을 하는 일도 왕왕 일어난다. 구체적으

좋은 상사에게 필요한 자질은 무엇인가?

로 설명하면 다음과 같다. 예를 들어, '좋은 상사에게 필요한 자질은 무엇인가'라는 질문을 했다고 가정해보자. 자신이 그동안 경험해왔던 좋은 상사의 모습을 떠올리며 '팀원들의 의견을 귀담아듣기'라고 적어본다. 그리고 답을 눈으로 확인하며 '상대방의 의견을 부정하지 않는 자세'도 필요하다는 것을 깨닫는다. 그러다가 문득 어제 회의에서 후배 직원의 발언을 정면으로 반박했던 장면이 떠올라 그만 우울해지고 만다. '아, 그 후배는 당시 기분이 어땠을까' 하고 불안과 후회가 밀려온다. 다음에 만났을 때 어떻게 말을 건네면 좋을지 생각하기 시작한다.

어떤가? 누구나 한 번쯤 이와 비슷한 사고의 흐름을 경험해본 적이 있을 것이다. 물론 이것도 나름대로 중요한 생각이다. 하지만 지금 해야 할 생각은 '좋은 상사에게 필요한 자질은 무엇인가'라는 질문에 대한 답변이다. 다음에 후배 직원을 만났을 때 어떻게 대할지 고민하는 일은 지금 주어진 질문과 아무런 관련이 없다.

이처럼 자신의 기억을 더듬거나 스스로 취재하다 보면, 생각이 그만 샛길로 빠져버리는 일이 자주 일어난다.

그렇기 때문에 트레이닝을 할 때는 한 가지 질문을 A4용지 맨 위에 크게 써서 지금 자신에게 주어진 질문이 무엇인지 항상 의식하는 것이 무엇보다 중요하다.

③ 종이를 위아래로 나누고 각각 사고와 이유라고 쓴다

다음으로 종이 한가운데에 선을 그어 용지를 위아래로 나누자. 위에는 질문에 대한 사고(생각하는 것, 느낀 것)를 작성하고 아래에는 이유(그렇게 생각한 이유, 그렇게 느낀 이유)를 작성한다.

이는 자신이 생각하는 바에 대한 이유까지 함께 써보면서 스스로 인지하지 못했던 더 깊은 생각과 의견을 끌어내기 위함이다. 이렇게 함으로써 어떤 질문을 받았을 때 그에 대한 주장뿐 아니라 구체적인 근거까지 표현해 설득력을 높일 수 있다.

④ 일단 떠오르는 생각을 한 줄 써본다

지금부터는 질문을 보고 생각난 답변을 바로 써보자. 어떤가? 막상 쓰려고 하니 무엇을 써야 할지 난감할지도 모르겠다. 괜찮다. 처음에는 다들 그러니까. 의식하지 않고 머

좋은 상사에게 필요한 자질은 무엇인가?

사고

(어떻게 생각하는가?
어떻게 느끼는가?)

이유

(왜 그렇게 생각하는가?
왜 그렇게 느끼는가?)

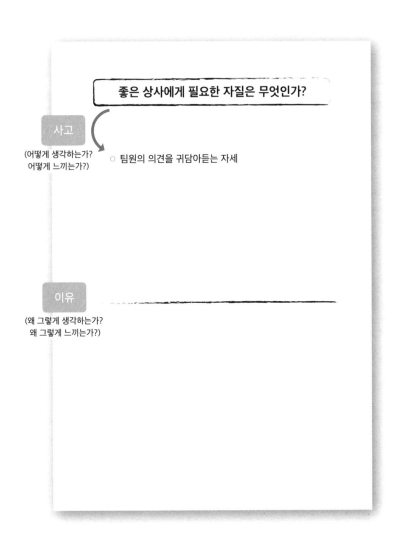

좋은 상사에게 필요한 자질은 무엇인가?

사고

(어떻게 생각하는가?
어떻게 느끼는가?)

○ 팀원의 의견을 귀담아듣는 자세

이유

(왜 그렇게 생각하는가?
왜 그렇게 느끼는가?)

릿속에 있는 모호한 생각을 밖으로 표현해보는 작업을 실천하고 있는 사람은 거의 없다. 나도 카피라이터라는 직업을 갖기 전까지는 해본 적이 없으니 말이다. 보통은 자기 안에 언어로 표현되지 않은 수많은 생각이 있다는 것조차 깨닫지 못하고 산다.

처음에는 아무 생각이 안 나 어렵고 어색할 수 있다. 하지만 이 트레이닝을 꾸준히 실천하다 보면 생각을 꺼내는 연습이 점점 몸에 익어 자연스럽게 습관으로 만들 수 있을 것이다.

머릿속에 있는 생각을 써 내려가는 일은 테스트가 아니라 트레이닝임을 명심하자. 다시 강조하지만 정답이나 오답은 없다. 일단 써봄으로써 표현되는 생각과 의견은 내면에 조용히 잠들어 있던 당신만의 보물이다. 보물을 발굴하듯 설레는 마음으로 이 시간을 즐기면 좋겠다. 그럼 자신이 정한 질문에 뭐든 상관없으니 '생각난 것'을 먼저 한 줄이라도 써보자.

좋은 상사에게 필요한 자질은 무엇인가?

사고

(어떻게 생각하는가?
어떻게 느끼는가?)

○ 팀원의 의견을 귀담아듣는 자세

**연상 작용으로
해상도를 높인다**

(그러니까 그게 무슨 말이야?)

- 상대방의 의견을
  부정하지 않는 자세

- 상대방을 나이나 경력으로
  판단하지 않는 자세

- 상대방의 관점을 존중하는 자세

이유

(왜 그렇게 생각하는가?
왜 그렇게 느끼는가?)

카피라이터의 표현법

⑤ 연상 작용 사고법으로 한 줄 생각을 깊이 파헤친다

이번에는 한 줄 생각이 심화되는 과정을 살펴보도록 하겠다. ②에서 잠시 언급한 '사고의 흐름'에 관한 설명이다.

예를 들어 '좋은 상사에게 필요한 자질은 무엇인가'라는 질문에 자신이 경험했던 이상적인 상사를 떠올리고 '팀원의 의견을 귀담아듣는 자세'라고 썼다고 하자.

그럼 '그러니까 그게 무슨 말이야?'라고 자신에게 재차 질문을 던져본다. 두 번째 질문에 '상대방의 의견을 부정하지 않는 자세'라는 답이 떠올랐다면, 첫 번째 줄 아래에 선을 긋고 두 번째 줄에 그 내용을 다시 쓴다.

즉, 처음 한 줄이 연상 작용을 일으켜 더 깊은 생각을 연달아 끄집어내는 사고법이다. 한 가지 팁을 알려드리자면, 처음 써 내려간 한 줄 생각을 두고 의식적으로 '그러니까 그게 무슨 말이야?'라는 물음을 던지면서 말의 해상도를 서서히 높여가면 좋다.

'팀원의 의견을 귀담아듣는다는 것은 무슨 말이야?'라는 물음을 스스로에게 던지면서 생각을 거듭할수록 머릿속에 있던 모호한 이미지가 점점 뚜렷해진다. 이렇게 하다 보면 첫 번째 줄보다 두 번째 줄이, 두 번째 줄보다 세 번째 줄이 '더 깊은 생각'에 가까워진다.

처음에는 비슷한 표현이 반복되어도 상관없다. '팀원의 의견을 귀담아듣는 자세'와 '상대방의 의견을 부정하지 않는 자세'는 얼핏 비슷한 표현 같지만 관점이 다소 다르다. 즉, 두 번째 내용은 '의견을 귀담아듣는 자세는 상대방의 의견을 부정하지 않는다는 것이다'로 이어지면서 좀 더 구체적으로 표현되었다.

이처럼 처음 한 줄 생각이 기폭제가 되면서 머릿속에서 연상 작용을 일으킨다. 자연히 해상도를 올리는 연습을 거듭할수록 쉽사리 표현하기 어려웠던 생각과 의견을 구체적인 언어로 구현할 수 있게 된다. 처음에는 쉽지 않겠지만 이처럼 자신의 생각을 파헤치는 시간은 그 자체로도 분명 의미 있는 시간이 될 것이다.

⑥ 마지막 문장의 이유를 구체적으로 쓴다

마지막으로 사고를 더욱 심화시켜 표현하는 단계로 들어가겠다. 앞서 A4용지의 위쪽 절반에 스스로 정한 질문에 자신이 생각하고 느낀 것을 메모하여 표현해보았다. 이 정도로도 지금껏 명확하게 표현하지 못했던 생각이 구체적인 언어로 구현되었을 것이다.

하지만 '왜 그렇게 생각하는가? 왜 그렇게 느끼는가?'라고 물으면 뾰족한 대답이 잘 떠오르지 않는다. 이 부분을 훈련해 '좋은 상사에게 필요한 자질은 무엇인가'라는 질문을 받았을 때 '상대방의 관점을 존중하는 자세'라고 대답할 뿐 아니라 '○○○이라고 생각하기 때문이다'라고 근거를 댈 수 있다면, 설득력도 올라간다.

먼저, 사고 영역에서 쓴 글 중 마지막 줄에 동그라미를 친다. 그리고 '왜 그렇게 생각하는지', '왜 그렇게 느끼는지'를 아래 칸에 있는 이유 영역에 메모한다. 이미 질문에 답을 하면서 생각이 상당히 깊어졌기 때문에 처음 떠오른 생각을 썼을 때는 상상도 못 했을 그럴싸한 이유가 자연스럽게 떠오를 것이다.

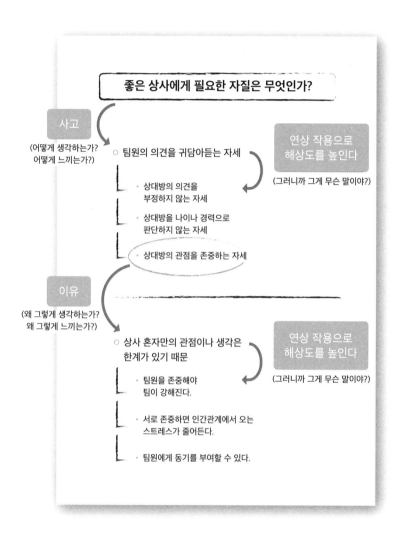

좋은 상사에게 필요한 자질은 무엇인가?

사고

(어떻게 생각하는가?
어떻게 느끼는가?)

○ 팀원의 의견을 귀담아듣는 자세

- 상대방의 의견을
  부정하지 않는 자세
- 상대방을 나이나 경력으로
  판단하지 않는 자세
- 상대방의 관점을 존중하는 자세

**연상 작용으로
해상도를 높인다**

(그러니까 그게 무슨 말이야?)

이유

(왜 그렇게 생각하는가?
왜 그렇게 느끼는가?)

○ 상사 혼자만의 관점이나 생각은
한계가 있기 때문

- 팀원을 존중해야
  팀이 강해진다.
- 서로 존중하면 인간관계에서 오는
  스트레스가 줄어든다.
- 팀원에게 동기를 부여할 수 있다.

**연상 작용으로
해상도를 높인다**

(그러니까 그게 무슨 말이야?)

카피라이터의 표현법

여기서 끝이 아니다. 이유를 적을 때도 연상 작용 사고법을 활용해 깊이를 더해가자. 사고 영역과 마찬가지로 이유 영역에서도 '그러니까 그게 무슨 말이야?'라고 스스로 물으면서 생각을 심화한다.

원리는 사고 영역과 같다. 아래로 갈수록 생각의 해상도가 높아지고 맨 아래에 이르면 상당히 구체적이고 설득력 있는 문장이 되어 있을 것이다.

이렇게까지 써놓고 보면 그동안 인지하지 못했던 생각뿐 아니라 이유까지도 구체적으로 표현되어 있는 종이를 발견하게 될 것이다. 이제 트레이닝을 시작할 때 설정해둔 질문에 관해서는 어떤 갑작스러운 물음에도 설득력 있게 대답할 수 있는 준비가 된 셈이다.

제한 시간은 1장당 2분, 하루에 3장까지

그럼, 질문 하나에 어느 정도의 시간을 할애하는 것이 좋을까? 반복해서 말씀드리지만 한 장당 제한 시간은 2분을 추천한다.

머릿속으로 먼저 생각한 뒤에 써 내려가는 것이 아니라 쓰면서 생각한다고 마음을 먹는 편이 좋다. 그래도 '시간이 너무 짧은 거 아니야?'라고 생각할지도 모르겠다. 하지만 2분이라는 제한 시간을 둔 데는 나름의 이유가 있다.

2장에서도 잠깐 언급했지만 내면에 있는 모호한 이미지를 밖으로 끄집어내려면 어느 정도의 집중력이 꼭 필요하다. 느긋한 상황에서는 이런 집중력이 잘 발휘되지 않는다. 대부분은 급박한 상황에서 집중력이 높아진다.

아마 모두들 비슷한 경험이 있을 것이다. 나도 카피를 쓰면서 마감이라는 급박한 상황에 놓일 때마다 머리가 빠르게 돌아가고 집중력이 높아지는 걸 여러 번 느꼈다. 더 나아가 마감 직전에 스스로 상상도 하지 못한 카피를 쓰게 된 경험도 여러 번 했다.

평소에는 깨닫지 못했던 무의식을 끄집어내는 일이기 때문에 평소와 다르게 집중된 환경으로 자신을 몰아가는 것이 이 훈련에서 매우 중요한 요건이다. 반대로 말해 너무 오래 생각하면 오히려 집중력이 떨어지므로 그다지 효과적이지 않다.

2분이라는 짧은 제한 시간은 여러 업무와 일로 바쁜 사람들에게 큰 부담을 주고 싶지 않다는 생각도 담고 있다. 앞서 말씀드렸지만 표현력을 기르려면 생각을 끄집어내는 훈련을 날마다 꾸준히 할 수 있는 습관으로 만드는 일이 무엇보다 중요하다.

질문 하나당 2분이라는 짧은 시간은 부담감을 대폭 줄여준다. 평소 휴식 시간이나 이동 시간, 자기 전에도 2분이라는 시간은 얼마든지 낼 수 있으니 매일 놓치지 않고 실천할 수 있다. 하루에 3가지 질문으로 3장, 총 6분이면 충분하다. 하루에 실천하는 양이 적다고 생각할지도 모르겠지만 365일이면 총 1,095장이 쌓인다.

즉, 1년이면 1,095개의 질문에 나만의 답을 내려보고 독창적인 관점으로 생각을 언어화하여 머릿속에 저장할 수 있다는 의미다. 표현력 저장고가 이 정도로 채워지면, 어떤 질문을 받아도 순간적으로 생각과 의견을 표현할 수 있는 상태에 이르렀을 것이다.

자투리 시간 활용하기

지금까지 표현력을 기르는 구체적인 방법을 살펴보았다. 그런데 트레이닝에 사용했던 메모는 그 후에 어떻게 해야 할까?

결론부터 말하면 버려도 상관없다. 모처럼 시간을 들여 쓴 것인데 아깝다고 생각할 수 있지만 이 메모는 기록용이 아니라 머릿속에 잠들어 있는 생각을 언어화하기 위해 작성한 것이다. 중요한 것은 생각을 글로 써보면서 내가 하려던 말이 무엇인지 깨닫고 언어로 표현해보는 과정이다.

물론 나중에 자신의 생각을 되돌아보고 싶다면 보관해도 상관없다. 다만 내 경험상 그 메모를 다시 들춰보는 일은 거의 없었다. 이미 한번 생각해본 질문에는 더 이상 별다른 메모를 하지 않아도 언제든 의견을 편하게 이야기할 수 있기 때문이다.

이 트레이닝을 위해 일부러 새 펜을 구입할 필요도 없
다. 평소에 사용하는 익숙한 볼펜으로 편하게 써 내려가자.
자꾸 썼다 지웠다 할 일도 없으므로 연필이나 샤프펜슬, 지
워지는 볼펜을 고집할 필요도 없다.

굳이 추천하자면 좋아하는 펜을 사용했으면 좋겠다. 이
트레이닝은 계속 실천해 습관화하는 것이 무엇보다 중요
하기 때문이다. '자투리 시간이지만 한번 해볼까?' 하는 생
각이 저절로 들 정도로 보기에도 좋고 사용감이 뛰어나 기
분이 좋아지는 펜이 있다면 그걸 사용하자.

노트북이나 태블릿, 스마트폰은 가지고 다녀도 펜은 가
지고 다니지 않는 사람이 많아졌다. 쓸 만한 펜이 없다면
문방구에 들러 좋아하는 펜을 하나 마련해보자. 분명 색다
른 기분과 의욕이 느껴질 것이다.

이 책에서 소개하는 트레이닝은 펜과 A4용지만 있으면
장소나 시간에 구애받지 않고 실천할 수 있다. 오랜 시간이

소요되는 훈련도 아니므로 가급적이면 업무를 하다가 생기는 자투리 시간에 잠깐 짬을 내서 실천하면 좋겠다.

그런 의미에서 여러 장소에 펜과 종이를 미리 준비해두는 방법을 추천한다. 회사 책상 위나 직장에서 사용하는 가방 안, 집 안 거실이나 침실 등 자신이 자주 사용하는 공간에 언제든 메모할 수 있는 환경을 마련해두면 의욕이 날 때 바로바로 실천할 수 있어 표현력을 기르는 데 큰 도움이 된다.

트레이닝이라고 너무 딱딱하게 생각하지 말고, 평소 관심 있는 주제부터 시작해보자. 점차 익숙해지면 트레이닝이라는 생각은 사라지고 자연스럽게 메모하는 습관이 몸에 밸 것이다.

말의 해상도 높이기

지금까지는 표현력 트레이닝의 가장 기본적인 방법을 설명했다. 이제부터는 이 훈련이 다소 익숙해진 후에 실천하면 좋은 심화 과정, 말의 해상도를 높이는 방법을 알려드리고자 한다.

① 같은 질문을 더 깊이 파고들기

한 질문에 2분 동안 생각을 써 내려가는 것이 이 트레이닝의 기본적인 방법이다. 매번 질문을 바꿔도 좋지만 일정 시간이 지난 후 같은 질문에 다시 답을 해보는 것도 사고의 깊이를 더하는 데 매우 효과적이다.

제한 시간을 짧게 설정하면 집중력을 높일 수 있지만 아주 깊은 사고에 도달하기에는 아무래도 한계가 있다. 그래서 같은 질문을 반복해보는 게 도움이 된다. 마치 100미터 달리기를 몇 번이고 반복하면서 훈련하는 것과 비슷하다.

나는 한 주제로 카피를 쓸 때 몇 번이고 반복해서 쓴다. 하루 만에 카피를 완성하는 일은 거의 없다. 한 번 카피를 써보고 며칠이 지난 후에 다시 써본다. 두 번째로 쓸 때는 내 안의 생각이 깊어져 전보다 나아가야 할 방향이 더 잘 보이고 첫 번째로 썼을 때는 생각하지 못했던 뜻밖의 발견을 하기도 한다.

이 트레이닝도 마찬가지다. 몇 차례 파고들기를 반복하면 한 번 시도했을 때는 알아차리지 못했던 생각을 깨닫기도 하고, 그 생각에 더욱 확신을 갖게 된다.

설정하는 질문에 따라 다를 수 있지만 최소 5회 정도 파고들기를 반복하면 해상도가 높은 상태로 생각이 언어화되어 언제라도 순간적으로 표현할 수 있게 된다. 한 질문에 답했던 내용을 다시 새로운 질문으로 만들어 트레이닝해보는 방식도 추천한다.

② 같은 질문에 다른 각도로 답하기

같은 질문에 반복해서 답할 때는 의식적으로 생각의 방향을 다양하게 바꿔보기를 추천한다.

앞서 소개한 연상 작용 사고법은 오직 한 방향으로 깊이 파고들면서 생각을 언어화하는 방식이다. 이와 같은 방식은 깊이를 더하면 더할수록 한계에 직면하고 만다. 이렇게 한계에 맞닥뜨렸을 때 생각의 방향을 바꿔보면 새로운 흐름을 만들 수 있다.

'좋은 상사에게 필요한 자질은 무엇인가'라는 질문을 예로 들어 살펴보면, 앞서 '팀원의 의견을 귀담아듣는 자세'라는 하나의 방향성을 설정하고 연상 작용 사고법으로 그 생각의 근거까지 써보았다.

이 외에도 '자신의 의견을 명확하게 밝히는 자세'라는 또 다른 방향성도 있을 수 있다. 거기서부터 다시 연상 작용 사고법으로 생각의 깊이를 더하다 보면 '분명하게 업무 지시를 할 수 있어야 한다'라거나 '잘못을 잘못이라고 지적할 수 있어야 한다'처럼 처음에는 시간이 부족해 미처 떠올리지 못했던 다른 답이 새롭게 생각난다.

깊이 파고들기를 여러 번 해야 하는 중요한 이유가 바로 여기에 있다. 같은 질문에 두세 번 반복해 대답할 때는 반드시 지금까지 생각해보지 않았던 새로운 방향은 없는지 항상 의식하기를 바란다. 이런 식으로 트레이닝하면 생각이 한층 다채로워지고 그만큼 많은 근거를 댈 수 있으니 의견에 설득력이 생긴다.

'그렇게 다각도로 생각할 수 있을까?' 싶어 불안할 수도 있겠지만 걱정할 필요 없다. 우리 내면에 잠들어 있는 생각의 밭은 상상 이상으로 매우 넓다.

③ 반대 의견 떠올리기

한 질문에 좀 더 효과적으로 파고들기 위해 자신이 평소 가지고 있던 생각에 일부러 반대 의견을 적어보는 것도 좋은 방법이다.

이해를 돕기 위해 다시 '좋은 상사에게 필요한 자질은 무엇인가'라는 질문을 예로 들어 설명하겠다. 이 질문에 아까처럼 '팀원의 의견을 귀담아듣는 자세'라고 썼다고 하자. 이대로도 매우 좋은 의견이지만 여기서 일부러 자신을 괴롭혀보자. 당신이 이 의견을 냈을 때 어떤 반론이 있을 수 있는지 생각해보는 방법이다.

만일 누군가 "나는 남의 의견에 좌우되지 않고 자신의 의사를 끝까지 관철하는 자세도 좋은 상사에게 필요한 소양이라고 생각한다"라고 말하면 어떻게 할 것인가? 이 말도 절대 틀린 말이 아니다. 남의 말만 듣고 우왕좌왕하는 상사를 어떻게 신뢰할 수 있겠는가?

한 질문을 깊이 파고들 때, 이렇게 자신의 생각을 일부러 부정하다 보면 처음에는 생각하지 못했던 측면도 있다는 사실을 깨닫기도 한다. '좋은 상사에게 필요한 자질은 무엇인가'라는 질문으로 도출해낸 두 가지 의견은 완전히 상반된 내용이다. 하지만 어떤 것도 절대적인 정답이나 오답이라고 할 수는 없다.

이처럼 생각의 다양성을 인정하고 그 다양성을 활용해 유연하게 말할 수 있다면 일터에서 당신의 가치는 의심할 여지 없이 더욱 높아질 것이다.

메모가 주는 또 다른 이점

지금까지 표현력 트레이닝의 기본적인 방법부터 응용까지 소개했다. 표현력 트레이닝에서 메모가 효과적이라는 사실 또한 충분히 설명했다.

지금부터는 카피라이터로서의 경험을 토대로 메모라는 행위가 주는 또 다른 이점을 이야기하겠다.

메모라는 말의 숨겨진 의미

사실 영어 단어 MEMO는 자신을 위한 기록이 아니라 누군가에게 정보를 전달하기 위한 짧은 글을 뜻한다. 예를 들면 부모님이 나가면서 '김치는 냉장고에 있어'라고 적어두는 식이다.

누군가에게 보여주기 위해 표현력 트레이닝을 하는 것은 아니다. 그렇지만 혼자 계속 트레이닝을 하다 보면 자칫 이것 자체가 목적이 되어 무엇을 위해 메모를 하는지, 무엇 때문에 표현력을 기르려는지를 잊어버릴 수도 있다.

이 트레이닝을 시작한 이유가 직장 동료나 클라이언트에게 당신의 생각을 잘 표현하기 위함임을 항상 잊지 말기를 바란다. 예를 들어 회의, 프레젠테이션, 기획서 작성 등 일을 하면서 의견을 멋지게 전달하는 구체적인 장면을 떠올리는 것만으로도 트레이닝 효과가 크게 달라진다.

메모로 효율적인 업무 환경을 만든다

책 제목은 잊어버렸지만 세상에는 메모를 추천하지 않는 자기계발 도서도 있다. 물론 사람마다 생각이 다르지만 나는 메모가 짧은 시간 안에 당신을 성장시켜주는 도구라고 확신한다. 지금까지 소개한 트레이닝 외에도 메모의 힘은 무궁무진하기 때문이다.

나는 회의할 때 주고받는 내용을 가급적이면 모두 기록하려고 노력한다. 회의 시간은 상정된 안건에 진지하게 집중하는 시간이므로 해당 안건에 관해 자신만의 생각을 표현하기에 가장 좋은 환경이다.

그래서 일단 뭐든지 메모하면서 상대방의 발언을 듣고 나도 되도록 발언하려고 노력한다. 그러면 상대방의 생각이나 내가 느끼는 것이 눈에 보이는 형태로 언어화되므로 앞으로 고민해야 할 문제들이 일목요연하게 정리된다. 또한 회의 내용을 정리해 공유하면 회의에 참석한 사람들끼리 소통할 때 오해가 줄어든다. 이로써 불필요한 의사소통 과정을 뛰어넘고 좀 더 효율적으로 프로젝트를 진행할 수 있다.

특히 요즘처럼 온라인 회의가 보편화된 상황에서는 메모의 힘을 더욱 실감한다. 대면 회의에서는 화이트보드 등에 메모를 하면서 참석자 모두가 회의 내용을 공유할 수 있지만, 온라인 회의에서는 이렇게 메모를 공유하기가 쉽지 않다. 최근에는 화이트보드를 대신하는 앱도 있지만 어느 정도의 디지털 활용 능력이 필요하기 때문에 널리 사용하기에는 어려움이 있다.

이 때문에 나는 온라인 회의 툴에서 제공하는 채팅 기능이 효과적이라고 생각한다. Teams, Zoom, Google Meet 등 거의 모든 온라인 회의 툴에 채팅 기능이 갖추어져 있다. 그 기능을 잘 활용하면 상대방의 발언과 내가 그 의견을 듣고 느꼈던 점을 실시간으로 언어화해 표현해볼 수 있다. 서로 멀리 떨어져 있어도 하나의 결론을 도출할 수 있어 회의도 효율적으로 진행된다.

여기서 염두에 두어야 할 점이 있다. 회의 중에 공유하는 메모는 자신을 위한 메모가 아니라 회의에 참석하는 사람들을 위한 것이라는 사실이다. 앞으로 업무 중에 적극적으로 메모를 하면서 그 결과물을 동료들과 공유해보는 것은 어떨까?

메모로 새로운 깨달음을 얻는다

메모는 내 안에 없던 깨달음을 주는 도구로서도 매우 효과적이다. 나는 평소에 궁금한 점이 생기면 가능한 한 기록으로 남겨둔다. 그 내용이 철학적인 것이든, 일상적인 것이든 가리지 않는다. 다만 궁금한 점이 생기는 즉시 기록한다는 규칙을 세웠을 뿐이다.

나는 옛날부터 서점에 가는 것을 매우 좋아했다. 잠깐 짬이 나면 특별히 사고 싶은 책이 없어도 서점에 들러 차곡차곡 쌓여 있는 책들 사이를 여유롭게 걷다가 관심 가는 책이 있으면 멈춰 서서 구경했다. 그러다 괜찮은 광고 카피를 발견하면 노트를 꺼내 기록해두었다.

책의 광고 카피는 그 책에서 하고 싶은 말, 전하고 싶은 내용을 한 줄로 정리해놓은 문장으로, 표현력을 기르는 데 아주 유용하다. 어떤 책이든 저자나 편집자가 책의 매력이 가장 잘 드러나도록 고심해서 좋은 문장으로 만들어둔 것이 바로 광고 카피이기 때문이다.

그런 주옥같은 말들 중에서 특히 마음에 와닿는 광고 카피를 메모하곤 했다. 뭔가를 골똘히 생각하고 적지는 않았다. 관심 가는 표현이 보이면 그냥 기계적으로 베껴 썼다. 이렇게 쌓인 카피들을 추후에 다시 살펴보면 새로운 생각이 떠오르기도 하고 깨달음을 얻기도 한다. 여기서 내가 메모했던 책의 광고 카피를 몇 가지 소개하고자 한다.

행복 배달
⇨ 배달이 물건이 아니라 그것을 맛보는 행복한 시간을 제공한다는 깨달음

건강 보존 식단
⇨ 건강을 얻기 위한 식단이 아니라 건강을 잃지 않기 위한 식단. 식사에 대한 새로운 관점을 얻음

편의점식 농업
⇨ 농사가 힘들다는 인식이 있으므로 농사의 진입장벽을 낮추면 좋겠다는 깨달음

단 세 가지 버릇만 고치면 인생이 술술 풀린다
⇨ 자신의 인생에 큰 영향을 주는 것은 무의식적으로 하

고 있는 일상적 버릇일지 모른다는 깨달음

이처럼 책의 광고 카피는 각각 기껏해야 몇 글자에 불과하다. 하지만 여기서 얻을 수 있는 깨달음은 평소에 생각해본 적 없는 내용들로 가득했다.

이렇게 메모를 통해 깨달은 점이 독특한 관점으로 내 안에 저장되어 비슷한 주제에 관한 질문을 받았을 때 내 생각을 더 다채롭게 만들어주었다. 메모에 이런 이점이 있다는 사실에 놀랐음은 물론이다.

지금까지 카피라이터인 내가 실제로 실천하고 있는 메모법을 소개했다. 특히 직접 서점을 방문하기를 강력하게 추천한다. 서점은 평소 접하지 못하는 분야나 주제를 비롯해 최근 트렌드를 만날 수 있는 곳이다. 생각의 폭을 넓히고 깊이를 더하는 데 이보다 좋은 공간은 없다.

물론 이 방법이 누군가에게는 효과가 없을지도 모른다. 만약 이 방법이 자신에게 잘 맞지 않는다면 일상에서 생기는 궁금한 점이나 불만을 가볍게 메모해도 상관없다. 어떤 방법이든 한 가지 변하지 않는 사실은 그 메모가 틀림없이 당신에게 새로운 깨달음을 줄 것이라는 사실이다.

이번 장에서는 머릿속에 있는 모호한 생각을 순간적으로 언어화할 수 있는 구체적인 트레이닝 방법을 알아보았다. 가능한 한 알기 쉽게 설명했지만, 어쩌면 아직도 트레이닝 방법이 와닿지 않는 사람이 있을지 모르겠다.

다음 장에서는 업무 상황에서 맞닥뜨릴 수 있는 구체적인 질문을 예로 들어 표현력 트레이닝을 직접 연습해보겠다. 자, 그럼 펜과 A4용지를 준비하고 다음 장을 살펴보자!

4장

12가지 상황별
표현력 트레이닝

이제 표현력 트레이닝의 기본적인 방법은 모두 습득했다.

이 트레이닝을 반복하면서
얼마나 많은 생각을 언어화해 머릿속 저장고에 축적할 수 있을까?

표현력 트레이닝을 얼마나 몸에 익히느냐에 따라
말의 속도와 깊이가 달라진다.

이 장에서는 초보자도 큰 어려움 없이 트레이닝을 실천할 수 있도록
구체적인 사례를 제시한다.

실제 표현력 트레이닝을 연습해볼 것이므로
종이와 펜을 꼭 준비해주길 바란다.

준비가 다 되었다면 함께 실천해보자.

다양한 질문에 함께 답하며 실천해보기

지금부터는 실천편이다. 유감스럽게도 이 책에서 소개하는 표현력 트레이닝을 단 한 번 실천했다고 해서 무슨 말을 해야 할지 모르겠다는 고민이 모두 해결되지는 않는다. 다시 말하지만, 단번에 곧바로 표현력이 몸에 배는 일은 극히 드물다. 트레이닝을 매일 반복해 습관화하는 것이 표현력을 기를 수 있는 가장 빠른 지름길이다.

어느 정도 요령을 알면 굉장히 간단한 트레이닝이지만 아무래도 처음 해보면 '이게 맞는 건가?', '이게 정말 효과가 있을까?' 하는 불안한 마음이 생길 수도 있다.

예를 들어 운동을 처음 시작한다고 생각해보자. 어떤 운동이든 시작할 때 처음부터 올바른 자세를 잡는 것이 가장 중요하다. 비싼 비용을 지불하고 퍼스널 트레이닝을 받는 이유다. 여기서도 가능하다면 나 같은 전문가가 여러분들 옆에서 매번 지도를 해주면 좋겠지만 사실상 불가능한 이야기다.

그래서 4장에서는 평소 생각이나 의견을 표현해야 하는 다양한 상황을 설정해, 그 상황에서 나올 법한 질문을 소개한다. 주로 회사원이나 프리랜서 직장인들이 일을 하면서 쉽게 맞닥뜨리는 상황들로 준비했다. 구체적으로는 회의, 리더십, 협업, 사내 프레젠테이션, 기획서 작성, 일정 관리, 보고나 상담, 멘탈 관리, 자아 성찰, 이직, 독학, 잡담이라는 12가지 상황을 살펴본다.

이 질문을 활용해 함께 메모해가면서 머릿속에 있는 생각을 끄집어내고 언어화하는 요령을 익혀보자. 그럼 A4용지와 펜을 준비해 첫 번째 질문부터 시작해보자.

회의 **지금 우리 팀의 문제는 무엇인가?**

첫 번째로 회의에서 자주 들었던 질문을 주제로 삼았다. 일반적으로 회사에서는 팀 단위로 업무를 진행하는 경우가 많다. 혼자 진행하는 일과 달리 팀 차원에서 업무를 추진하기 때문에 성과가 잘 나올 수도 있고 반대로 그렇지 못할 수도 있다. 자신이 속한 팀을 떠올리면서 다음 내용을 읽어보자.

원인은 잘 모르겠지만 요즘 팀에 문제가 있는 듯하다. 그래서 팀장이 팀 전체 회의를 소집했다. 회의실에 왠지 모를 무거운 공기가 흐르고, 팀장이 당신을 보며 갑자기 이렇게 질문한다.

"지금 우리 팀의 문제가 뭐라고 생각하나요?"

이런 질문을 받으면 어떻게 대답할 것인가? 당신은 평소 무의식적으로 팀에 관해 다양한 생각을 했을 것이다. 하지만 막상 입 밖으로 내뱉으려니 무슨 말을 해야 할지 막막하다. 순간적으로 말이 떠오르지 않는다. 이런 경험은 누구

에게나 한 번쯤 있을 것이다.

우리 팀이 안고 있는 문제는 도대체 무엇인가? 분명 한 가지는 아닐 테다. 내면에 잠들어 있는 어렴풋한 이미지와 느낌을 적절한 언어로 정리하고 저장해두면 이런 갑작스러운 질문에도 순간적으로 답변할 수 있다.

그러기 위해 '지금 팀의 문제가 무엇인가?'라는 질문을 활용하여 '표현력 트레이닝'을 연습해보자. 다음 페이지의 도표와 같이 A4용지에 먼저 '질문'을 작성하고 자신의 생각과 이유를 바로 메모해보자.

제한 시간은 2분이다. 그럼 시작해보자!

지금 우리 팀의 문제는 무엇인가?

사고

(어떻게 생각하는가?
어떻게 느끼는가?)

이유

(왜 그렇게 생각하는가?
왜 그렇게 느끼는가?)

자, 2분이 지났다. 어떤가? 어쩌면 시간이 부족했을지도 모른다. 처음 해보는 것이니 당연하다. 익숙해지면 2분이라는 짧은 시간 안에도 많은 내용을 작성할 수 있다.

실제로 질문에 답을 해보며 무엇을 느꼈는가? 당신 안에 잠들어 있는 무의식을 끄집어내려 애쓰며 나름대로 생각과 이유를 작성했을 것이다. 그리고 이를 통해 평소에 품고 있던 팀의 문제를 다시 되새겼으리라. 이 느낌을 소중히 간직하고 트레이닝을 계속해가기를 바란다.

참고로 다음 페이지에 예시 메모도 준비했다. 당신이 쓴 것과 비교해보면 도움이 될 것이다. 이 트레이닝에서 가장 중요한 것은 너무 어렵게 생각하지 말아야 한다는 점이다. 생각나는 대로 써 내려가는 데 의미가 있다.

처음이라 생각처럼 잘되지 않고, 서툴렀을지 모르지만 안심하기를 바란다. 같은 질문으로 여러 번 표현력 트레이닝을 반복하면 문장이 점차 세련되게 다듬어지고, 어휘 사용도 정확해져 생각을 훌륭하게 표현할 수 있게 된다.

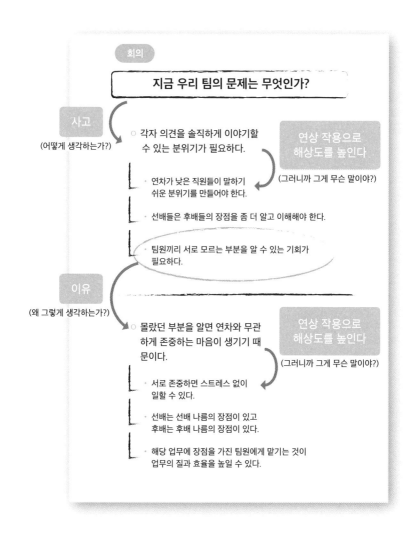

회의

지금 우리 팀의 문제는 무엇인가?

사고
(어떻게 생각하는가?)

○ 각자 의견을 솔직하게 이야기할 수 있는 분위기가 필요하다.

연상 작용으로 해상도를 높인다
(그러니까 그게 무슨 말이야?)

· 연차가 낮은 직원들이 말하기 쉬운 분위기를 만들어야 한다.

· 선배들은 후배들의 장점을 좀 더 알고 이해해야 한다.

· 팀원끼리 서로 모르는 부분을 알 수 있는 기회가 필요하다.

이유
(왜 그렇게 생각하는가?)

○ 몰랐던 부분을 알면 연차와 무관하게 존중하는 마음이 생기기 때문이다.

연상 작용으로 해상도를 높인다
(그러니까 그게 무슨 말이야?)

· 서로 존중하면 스트레스 없이 일할 수 있다.

· 선배는 선배 나름의 장점이 있고 후배는 후배 나름의 장점이 있다.

· 해당 업무에 장점을 가진 팀원에게 맡기는 것이 업무의 질과 효율을 높일 수 있다.

다음 주제는 '팀 관리'다. 앞선 주제와 마찬가지로 팀에 관련된 내용이지만 팀장으로서 팀원들을 관리하는 데는 또 나름대로의 고민이 있다.

회사의 관리직과 이야기를 하다 보면 내가 모르는 다양한 고민과 문제를 안고 있다는 생각이 든다. 만약 팀장이나 그에 준하는 직책을 가지고 있다면 자신의 리더십을 한번 떠올려보기를 바란다. 만약 아직 사원이나 대리라면 주변에 있는 팀장이나 상사를 떠올리면서 한번 읽어보자.

이곳은 당신의 직장이다. 당신은 책상에서 컴퓨터를 뚫어지게 쳐다보며 업무에 열중하고 있다. 그런데 누군가 어깨를 두드려서 문득 고개를 들어올려다보니 팀장이 서 있다. 최근에는 재택근무도 병행하고 있어 정말 오랜만에 팀장과 얼굴을 마주했다.
"잠깐 시간 괜찮아요?"라는 팀장의 말에 두 사람은 한 손에 커피를 들고 휴게실로 향했다.

팀장 "바쁜데 미안해요."

나 "아닙니다. 무슨 일이시죠?"

팀장 "요즘 어때요? 얼굴을 마주 보고 얘기할 기회가 통 없어서…."

나 "뭐, 별다른 일은 없습니다."

팀장 "다행이네요. 재택근무하면서 팀원들을 관리하려니 익숙하지 않아서 고민이네요."

나 "네. 좀 그렇죠?"

팀장 "일하는 방식도 예전에 비해 많이 달라졌고…."

나 "맞아요. 시대가 많이 달라졌어요(웃음)."

팀장 "그래서 말인데, 앞으로 어떻게 팀을 운영하는 게 좋을지 팀원 입장에서 괜찮은 아이디어가 있을까요?"

아무래도 팀장은 재택근무 상황에서의 팀 운영을 고민하고 있는 것 같다. 이 질문에 당신이라면 어떻게 의견을 제시하겠는가? 제한 시간은 2분이다. 그럼 메모를 시작해 보자!

리더십

팀을 어떻게 관리하면 좋을까?

사고

(어떻게 생각하는가?)

이유

(왜 그렇게 생각하는가?)

자, 2분이 지났다. 시대의 변화와 함께 팀 문화도 변화하고 있다. 그래서 과거의 경험만으로 팀을 어떻게 운영할지 규정해서는 안 되며 상황의 변화에 따라 탄력적으로 팀을 운영하겠다는 자세가 중요해졌다. 마찬가지로 '표현력 트레이닝'도 한 번에 끝내지 말고 정기적으로 실천해 생각과 의견을 업데이트해가는 것이 중요하다.

참고로 다음 페이지에는 내가 실제로 작성한 메모를 실었다. 개인적으로 메모하고 싶은 내용이 많아서 몇 번 더 반복하고 싶은 주제였다. 내가 쓴 것과 당신이 답을 비교해보자. 물론 정답은 없다.

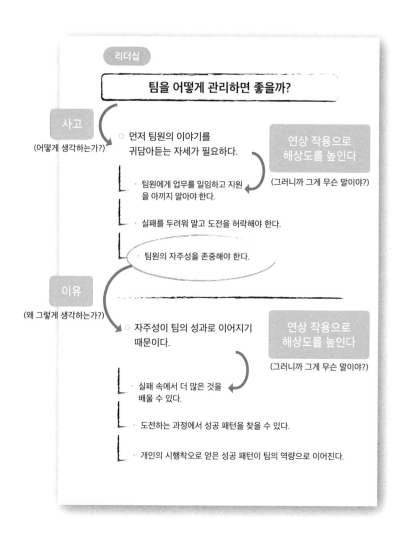

리더십

팀을 어떻게 관리하면 좋을까?

사고
(어떻게 생각하는가?)

○ 먼저 팀원의 이야기를 귀담아듣는 자세가 필요하다.

연상 작용으로 해상도를 높인다
(그러니까 그게 무슨 말이야?)

· 팀원에게 업무를 일임하고 지원을 아끼지 말아야 한다.

· 실패를 두려워 말고 도전을 허락해야 한다.

· 팀원의 자주성을 존중해야 한다.

이유
(왜 그렇게 생각하는가?)

○ 자주성이 팀의 성과로 이어지기 때문이다.

연상 작용으로 해상도를 높인다
(그러니까 그게 무슨 말이야?)

· 실패 속에서 더 많은 것을 배울 수 있다.

· 도전하는 과정에서 성공 패턴을 찾을 수 있다.

· 개인의 시행착오로 얻은 성공 패턴이 팀의 역량으로 이어진다.

카피라이터의 표현법

다음 질문은 클라이언트와의 협업 장면을 담은 표현력 트레이닝이다. 평소에 클라이언트와 업무 관련 논의를 했던 장면을 떠올리며 읽어보자.

당신은 지금 거래처 회의실에 있다. 눈앞에는 거래처 담당자가 조금 난처한 표정으로 앉아 있다. 아무래도 담당하고 있는 상품이 잘 팔리지 않는 모양이다. 매출 증대를 위한 방안을 강구해야 하는 상황에 놓인 담당자가 당신에게 이렇게 질문한다.

"뭔가 새로운 판매 전략이 필요한데, ○○○ 씨는 어떻게 생각해요?"

이번 협업 편에서는 구체적인 상품은 다루지 않았지만, 당신이 하고 있는 일과 관련된 상품이 있다면 꼭 떠올리면서 메모해보길 바란다. 제한 시간은 2분이다.

2분이 지났다. 이번에는 내가 쓴 메모를 먼저 살펴봐주기를 바란다. 당신이 쓴 것과 어떻게 다른가?

클라이언트와 이야기를 나누다 보면 자신의 본질적인 문제를 스스로 깨닫지 못하고 있는 경우가 꽤 많다는 것을 자주 느낀다. 문제의 원인을 정확하게 언어로 표현하지 못하는 사람도 매우 많다. 이를 오판하면 잘못된 해결책을 제안하기 십상이니 주의가 필요하다.

이번 '질문'에서 구체적인 상품을 언급하지 않았지만 어느 업계든 클라이언트는 늘 특정한 고민과 문제점을 안고 있다. 당신은 그런 클라이언트를 어떻게 대하고 싶은가? 이런 생각을 중심으로 써보면 메모가 한층 쉬워질 것이다.

클라이언트의 고민을 듣고 구체적인 해결책을 속 시원하게 제시하는 것만이 능사는 아니다. 해결책을 생각하기 전에 클라이언트가 가지고 있는 '고민'의 본질이 무엇인지 찾는 자세가 오히려 중요할 수 있다. 그런 의식이 내 안에 언어로 표현되어 있다면 고객의 요청에 대한 대답의 결도 달라질 것이다.

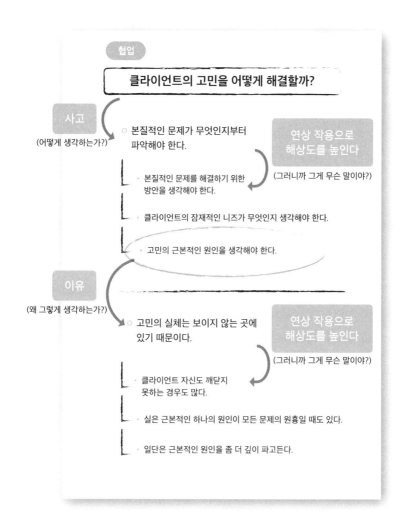

협업

클라이언트의 고민을 어떻게 해결할까?

사고

(어떻게 생각하는가?)

○ 본질적인 문제가 무엇인지부터 파악해야 한다.

연상 작용으로 해상도를 높인다

(그러니까 그게 무슨 말이야?)

· 본질적인 문제를 해결하기 위한 방안을 생각해야 한다.

· 클라이언트의 잠재적인 니즈가 무엇인지 생각해야 한다.

· 고민의 근본적인 원인을 생각해야 한다.

이유

(왜 그렇게 생각하는가?)

○ 고민의 실체는 보이지 않는 곳에 있기 때문이다.

연상 작용으로 해상도를 높인다

(그러니까 그게 무슨 말이야?)

· 클라이언트 자신도 깨닫지 못하는 경우도 많다.

· 실은 근본적인 하나의 원인이 모든 문제의 원흉일 때도 있다.

· 일단은 근본적인 원인을 좀 더 깊이 파고든다.

이 기획의 핵심은 무엇인가?

다음은 '사내 프레젠테이션'이라는 제목으로 표현력 트레이닝을 실천해보자. 앞선 질문은 거래처 담당자와의 커뮤니케이션을 상정한 내용이었지만, 사내에서 자신의 의견을 확실히 전달하거나 프레젠테이션하는 일도 중요하다. 평소에 사내에서 프레젠테이션하던 모습을 떠올리면서 읽어보길 바란다.

당신은 지금 임원 회의실에 있다. 눈앞에는 담당 임원과 관련 부서의 부장 등이 앉아 있다. 몇 달에 걸쳐 추진해온 신규 사업 기획 프레젠테이션을 막 끝낸 당신. 무사히 마쳤다는 안도감과 어떤 반응이 올까 하는 불안감이 뒤섞인 가운데 질의응답 시간이 시작되었다. 긴장한 표정을 하고 있는 당신을 향해 담당 임원이 이렇게 질문한다.

"자네가 이 기획에서 가장 중요하게 생각한 핵심은 무엇인가?"

이 질문에 당신이라면 어떻게 대답하겠는가? 나도 카피라이터로 일하면서 지금까지 셀 수 없이 많은 프레젠테이

션을 경험해왔다. 지금 돌이켜보면 프레젠테이션의 내용
이나 방법만큼 현장에서의 대답도 중요했다. 질의응답에
잘 대처하면 프레젠테이션 점수를 크게 올릴 수 있다.

사내 프레젠테이션에서 예상치 못한 질문을 받았을 때
명확히 자신의 의견을 말할 수 있도록 이번 기회에 확실히
연습하고 준비해두자.

덧붙이면, 어떤 업무를 하는지에 따라 프레젠테이션의
내용도 상당히 다를 것이다. 그래서 여기에서는 사내 프레
젠테이션의 구체적인 내용은 생략하겠다.

질문이 다소 막연하게 느껴질 수도 있지만, 당신의 업무
와 관련된 기획을 담당하게 되어 프레젠테이션했다고 가
정해보자. 그때 받은 질문이라고 생각하고 메모해보길 바
란다. 제한 시간은 2분이다. 그럼 시작해보자.

이 기획의 핵심은 무엇인가?

사고

(어떻게 생각하는가?
어떻게 느끼는가?)

이유

(왜 그렇게 생각하는가?
왜 그렇게 느끼는가?)

2분이 지났다. 어떤가? 스스로 준비한 기획이니 핵심을 잘 파악하고 있으리라 자신했을 수도 있다. 하지만 섣부른 생각이었다는 생각이 들지는 않는가? 핵심을 설득력 있는 언어로 전달하는 건 전혀 별개의 문제다.

어렴풋이 '이 포인트가 중요해'라고 생각해도 이를 설득력 있는 언어로 표현하지 않으면 상대방에게 와닿지 않는다. 특히 프레젠테이션 자료에 해당 내용을 빠뜨리거나 프레젠테이션 중에 배경 설명이 길어 핵심이 제대로 상대방에게 전달되지 않는 경우도 있다.

사내 프레젠테이션을 준비하고 있다면 핵심을 한 두 문장으로 요약해 저장고에 담아두자. 질문을 받았을 때도 당황하지 않고 핵심을 전달할 수 있다면 당신의 기획에 대한 호감도가 올라갈 뿐 아니라 당신이 제대로 중요한 포인트를 짚고 있다는 인상을 주어 인사고과에도 긍정적인 영향을 줄 것이다.

앞으로 프레젠테이션을 할 기회가 있다면(물론 회사 밖에서 진행되는 프레젠테이션 때도), 프레젠테이션 전에 예상 질

문을 한번 써보고 그 질문을 바탕으로 '표현력 트레이닝'을
실천해보라. 실전에서 큰 효과를 볼 수 있을 것이다.

참고로 다음 페이지에 내가 메모한 내용은 특정 프레젠
테이션을 상정하지 않았기 때문에 내용이 그다지 구체적
이지 않다. 감안해서 읽어주기를 바란다.

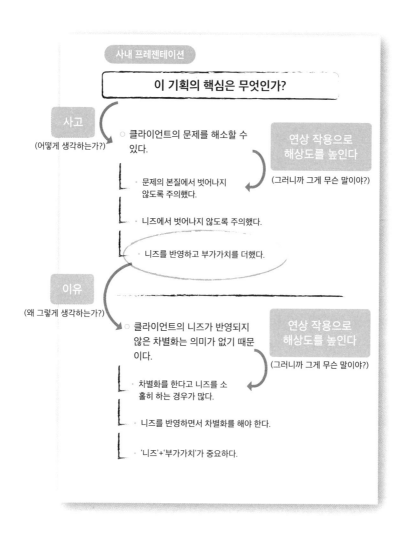

사내 프레젠테이션

이 기획의 핵심은 무엇인가?

사고

(어떻게 생각하는가?)

○ 클라이언트의 문제를 해소할 수 있다.

> **연상 작용으로 해상도를 높인다**
>
> (그러니까 그게 무슨 말이야?)

- 문제의 본질에서 벗어나지 않도록 주의했다.
- 니즈에서 벗어나지 않도록 주의했다.
- 니즈를 반영하고 부가가치를 더했다.

이유

(왜 그렇게 생각하는가?)

○ 클라이언트의 니즈가 반영되지 않은 차별화는 의미가 없기 때문이다.

> **연상 작용으로 해상도를 높인다**
>
> (그러니까 그게 무슨 말이야?)

- 차별화를 한다고 니즈를 소홀히 하는 경우가 많다.
- 니즈를 반영하면서 차별화를 해야 한다.
- '니즈'+'부가가치'가 중요하다.

다음은 기획서 작성을 주제로 한 표현력 트레이닝이다. 기획서 작성은 무슨 일을 하든 빠지지 않는 매우 중요한 업무다. 아무리 훌륭한 아이디어가 떠올라도 제대로 기획서에 녹여내지 않으면 얼마나 좋은 아이디어인지 상대방에게 전할 수 없다. 표현력이 없으면 좋은 기획이 불가능하다. 평소 상사와 기획서 내용을 두고 이야기를 주고받았던 장면을 떠올리며 읽어보자.

당신은 지금 회의실에서 상사와 마주 보고 있다. 다음 주에 있을 클라이언트 대상 프레젠테이션을 위한 기획서 내용을 검토받기 위해서다. 무표정하게 당신이 작성한 기획서를 천천히 훑어보는 상사. 회의실에는 침묵이 흐른다.

이번 기획은 예전부터 당신이 꼭 하고 싶었던 업무다. 며칠에 걸쳐 고민을 거듭한 끝에 프레젠테이션을 마무리했지만 구상한 생각을 제대로 표현했는지 별로 자신이 없다. 이 기획에 대한 당신의 입장을 잘 알고 있는 상사는 이렇게 질문한다.

상사 "수고했어요. 예전부터 하고 싶던 일이었죠?"

나 "네."

상사 "내용은 벌써 몇 번이나 들어서 이해는 되는데…"

나 "네…"

상사 "클라이언트가 이 프레젠테이션을 보고 내용을 쉽게 파악할 수 있을까요?"

나 "……"

상사 "좀 더 내용이 잘 전달되도록 하려면 어떻게 해야 할까요?"

내용이 잘 전달되는 기획서란 무엇일까? 만약 이와 같은 근본적인 질문을 받는다면 어떻게 대답하겠는가? 기획서를 쓸 기회가 많은 사람이라면 평소에 생각해둔 답변이 있을지 모른다. 평소에 가지고 있던 생각을 이번 기회에 글로 정리해보자. 만일 기획서를 많이 써보지 않아 아직 자신이 없는 사람이라면 위 질문을 활용해 표현력 트레이닝을 실천해보자.

기획서

내용이 잘 전달되는 기획서를 작성하려면?

사고

(어떻게 생각하는가?
어떻게 느끼는가?)

이유

(왜 그렇게 생각하는가?
왜 그렇게 느끼는가?)

2분이 지났다. 기획서를 쓸 기회는 많아도 기획서를 작성할 때 중요하게 생각하는 요소를 나름대로 표현해볼 기회는 그리 많지 않았을 것이다.

이번 트레이닝을 통해 한 번쯤 정리해두면 향후 기획서 작성 스킬을 높이는 데 분명 큰 도움이 될 것이다. 이번처럼 갑작스러운 질문을 받았을 때 바로 대답할 수 있을 뿐 아니라 평소 기획서를 작성할 때 지침이 되기도 한다. 스스로 기획서를 검토할 때도 객관성을 높일 수 있다.

다음 페이지에서 소개하는 내용은 '스토리가 있는 기획서'에 초점을 맞춘 답변이다. 현재 쓰고 있는 기획서가 있다면 재검토한다는 마음으로 트레이닝을 해보자. 읽기 쉽고 내용이 잘 전달되는 기획서로 탈바꿈할 테니 말이다.

게다가 여기에 써본 내용을 말로 표현할 수 있다면, 후배가 기획서 작성 때문에 고민하고 있을 때 적절한 조언을 할 수도 있다. 이번 트레이닝에서 연습한 질문은 비즈니스의 다양한 상황에서 분명 도움이 될 것이므로 꼭 반복적으로 실천해보기를 바란다.

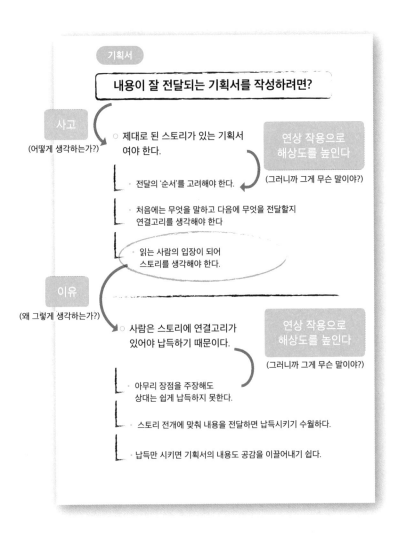

기획서

내용이 잘 전달되는 기획서를 작성하려면?

사고

(어떻게 생각하는가?)

○ 제대로 된 스토리가 있는 기획서
여야 한다.

연상 작용으로
해상도를 높인다

・ 전달의 '순서'를 고려해야 한다.

(그러니까 그게 무슨 말이야?)

・ 처음에는 무엇을 말하고 다음에 무엇을 전달할지
연결고리를 생각해야 한다

・ 읽는 사람의 입장이 되어
스토리를 생각해야 한다.

이유

(왜 그렇게 생각하는가?)

○ 사람은 스토리에 연결고리가
있어야 납득하기 때문이다.

연상 작용으로
해상도를 높인다

(그러니까 그게 무슨 말이야?)

・ 아무리 장점을 주장해도
상대는 쉽게 납득하지 못한다.

・ 스토리 전개에 맞춰 내용을 전달하면 납득시키기 수월하다.

・ 납득만 시키면 기획서의 내용도 공감을 이끌어내기 쉽다.

카피라이터의 표현법

다음 주제는 일정 관리다. 직장인 중에는 업무를 효율적으로 처리하지 못해 마감을 지키지 못하거나 거래처나 동료의 발목을 잡는 경우가 있다. 이처럼 일정을 제대로 관리하지 못하는 사람은 일을 못한다는 낙인이 찍히기 십상이다.

매일 주어진 일을 바쁘게 처리하다 보면 자신의 업무 처리 방식을 검토하고 관리할 기회가 좀처럼 생기지 않는다. 작업 관리가 서툴러 동료나 거래처에 폐를 끼치는 일도 흔하다. 이 자체는 큰 문제가 아니다.

다만 무엇이 문제인지, 어떻게 하면 폐를 끼치지 않을지 등 실패에서 얻을 수 있는 교훈을 적어두고 다시 돌아보는 습관이 있느냐는 중요하다. 이번 질문도 당신의 평소 일과 직결되는 매우 효과적인 트레이닝이므로 꼭 집중해서 실천해보자. 그럼 시작이다.

어떻게 하면 작업 속도를 높일 수 있을까?

사고

(어떻게 생각하는가?
어떻게 느끼는가?)

이유

(왜 그렇게 생각하는가?
왜 그렇게 느끼는가?)

2분이 지났다. 일정 관리는 직업이나 직종에 따라 주의해야 할 점이 크게 다르므로 구체적인 내용까지는 언급하지 않겠다. 다만 메모를 작성하는 데 도움이 되는 팁을 알려드리고자 한다.

메모할 때는 해당 질문과 관련된 과거의 사건을 떠올려보는 것이 중요하다. 자신이 겪은 구체적인 사건을 떠올리면서 지금의 나는 그 사건을 어떻게 생각하고 느끼는지를 말로 표현해본다. 그래야 당신만의 생각을 자연스럽게 써내려갈 수 있다.

이 트레이닝으로 표현하고자 하는 것은 불변하는 정답이 아니라 자신만의 고유한 생각이다. 이번 질문에서도 업무 처리 속도가 느려서 혼났던 일을 떠올려보고 그 일에서 생각한 점과 느낀 점을 메모하는 것이 요령이다.

이런 순서로 트레이닝을 실천하면 일정을 관리하는 자신만의 관점과 견해가 언어로 표현된다. 자신의 경험을 떠올리는 연습은 매우 중요한 부분이므로 5장에서 좀 더 자세히 다룰 예정이다.

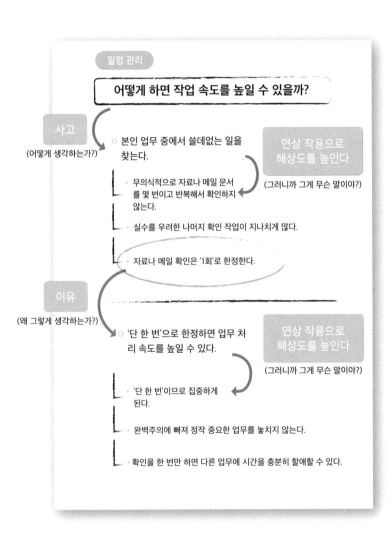

일정 관리

어떻게 하면 작업 속도를 높일 수 있을까?

사고
(어떻게 생각하는가?)

○ 본인 업무 중에서 쓸데없는 일을 찾는다.

연상 작용으로 해상도를 높인다
(그러니까 그게 무슨 말이야?)

- 무의식적으로 자료나 메일 문서를 몇 번이고 반복해서 확인하지 않는다.
- 실수를 우려한 나머지 확인 작업이 지나치게 많다.
- 자료나 메일 확인은 '1회'로 한정한다.

이유
(왜 그렇게 생각하는가?)

○ '단 한 번'으로 한정하면 업무 처리 속도를 높일 수 있다.

연상 작용으로 해상도를 높인다
(그러니까 그게 무슨 말이야?)

- '단 한 번'이므로 집중하게 된다.
- 완벽주의에 빠져 정작 중요한 업무를 놓치지 않는다.
- 확인을 한 번만 하면 다른 업무에 시간을 충분히 할애할 수 있다.

다음은 '보고·연락·상담'이다. 앞선 일정 관리와 함께 가장 기본적인 업무 중 하나로 꼽히며, 수행 능력에 따라 문제나 다툼이 생겼을 때 그 결과가 크게 달라진다. 자신의 일이라고 생각하고 다음의 상황을 읽어보자.

회사에서 일을 하고 있는데 동료가 매우 난처한 표정을 지으며 다가왔다. 무슨 일이 생겼음을 감지한 당신은 작은 소리로 물었다.

나 "무슨 일이야?"
동료 "사실 협력 업체가 실수를 해서 거래처 담당자가 노발대발이야."
나 "어휴, 그래?"
동료 "이럴 때는 어떻게 대처하면 좋을까?

당신이라면 어떻게 대답할지 한번 써보자.

문제가 생겼을 때 어떻게 처리해야 할까?

사고

(어떻게 생각하는가?
어떻게 느끼는가?)

이유

(왜 그렇게 생각하는가?
왜 그렇게 느끼는가?)

카피라이터의 표현법

2분이 지났다. 이런 일의 경우 어떤 문제인지에 따라 대처법도 가지각색이다. 그래서 항상 전문적인 조언을 해주기는 어려울지 모른다. 하지만 기본적인 대처법만 잘 숙지해두면 어떤 문제가 생겨도 상황에 맞춰 응용해가면서 원만히 해결할 수 있다.

단순히 벌어진 상황만 수습하면 된다고 이야기하라는 의미가 아니다. 그때 어떤 점을 주의해야 할지까지 말할 수 있어야 도움을 요청하는 상대방에게 의미 있는 조언을 해줄 수 있다.

동료가 당신의 조언으로 문제를 해결했다면 당신을 어려울 때 의지할 수 있는 동료로 인식하고 호감을 가지게 될 것이다. 물론 이는 스스로에게 문제가 생겼을 때 해결하는 데도 활용할 수 있다.

이 질문은 리스크 관리나 문제 해결 능력 향상과도 직결되므로 여러 번 답해보면서 표현의 정확도를 높여가자.

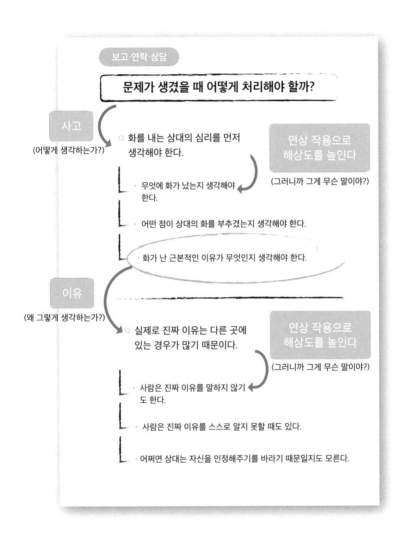

보고·연락·상담

문제가 생겼을 때 어떻게 처리해야 할까?

사고
(어떻게 생각하는가?)

○ 화를 내는 상대의 심리를 먼저 생각해야 한다.

연상 작용으로 해상도를 높인다
(그러니까 그게 무슨 말이야?)

· 무엇에 화가 났는지 생각해야 한다.

· 어떤 점이 상대의 화를 부추겼는지 생각해야 한다.

· 화가 난 근본적인 이유가 무엇인지 생각해야 한다.

이유
(왜 그렇게 생각하는가?)

○ 실제로 진짜 이유는 다른 곳에 있는 경우가 많기 때문이다.

연상 작용으로 해상도를 높인다
(그러니까 그게 무슨 말이야?)

· 사람은 진짜 이유를 말하지 않기도 한다.

· 사람은 진짜 이유를 스스로 알지 못할 때도 있다.

· 어쩌면 상대는 자신을 인정해주기를 바라기 때문일지도 모른다.

카피라이터의 표현법

다음은 '멘탈 관리'와 관련된 주제다. 앞서 연습했던 리스크 관리와 다소 겹치는 부분도 있으니 참고 바란다.

당신은 동료와 식사 중에 불만을 토로하고 있다.

나 "요즘 정말 일하기 짜증 나 죽겠어."

동료 "너무 바빠서 그런 거 아니야?"

나 "음...사실 짜증이 나는 이유를 나도 잘 모르겠어. 원인이 뭘까?"

　왜 동료가 짜증을 낸다고 생각하는가? 최근 직장에서 짜증이 났던 일들을 떠올리며 메모해보자.

기분이 나빴던 진짜 이유는?

사고

(어떻게 생각하는가?
어떻게 느끼는가?)

이유

(왜 그렇게 생각하는가?
왜 그렇게 느끼는가?)

2분이 지났다. 누구나 한 번쯤은 일하다가 알 수 없는 짜증에 휩싸여 우울한 날을 보내기도 한다. 그렇기 때문에 짜증이 밀려올 때 어떻게 대처해야 할지, 그 원인과 대처법을 기록해보는 일이 매우 중요하다.

예를 들어, 일이 생각대로 진행되지 않거나 주위 사람들이 생각만큼 도와주지 않아서 짜증이 나는 걸까? 아니면 단순히 자신의 업무 관리가 원활하지 못하거나 일에 진척이 없어서 짜증이 나는 걸까? 그것도 아니면 일을 할 때마다 느껴지는 열등감이 짜증의 원인일까?

이처럼 회사에서 짜증이 났던 경험을 떠올리며 왜 짜증이 났는지 꼼꼼하게 생각해보고 한번 써 내려가보자. 짧은 시간 트레이닝을 통해 짜증을 내는 진짜 원인과 해결책을 찾을 수 있을 것이다.

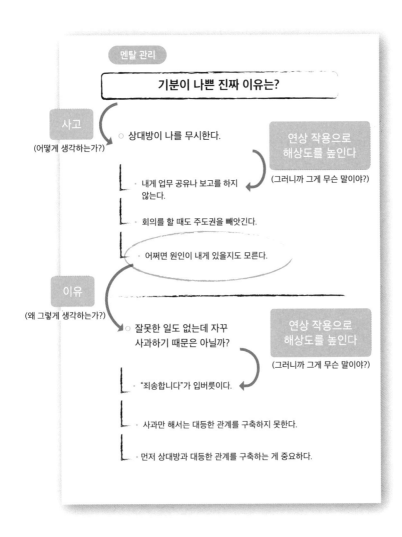

멘탈 관리

기분이 나쁜 진짜 이유는?

사고
(어떻게 생각하는가?)

○ 상대방이 나를 무시한다.

연상 작용으로 해상도를 높인다

(그러니까 그게 무슨 말이야?)

- 내게 업무 공유나 보고를 하지 않는다.

- 회의를 할 때도 주도권을 빼앗긴다.

- 어쩌면 원인이 내게 있을지도 모른다.

이유
(왜 그렇게 생각하는가?)

○ 잘못한 일도 없는데 자꾸 사과하기 때문은 아닐까?

연상 작용으로 해상도를 높인다

(그러니까 그게 무슨 말이야?)

- "죄송합니다"가 입버릇이다.

- 사과만 해서는 대등한 관계를 구축하지 못한다.

- 먼저 상대방과 대등한 관계를 구축하는 게 중요하다.

카피라이터의 표현법

자아 성찰 **내가 정말로 하고 싶은 일은 무엇인가?**

이번에는 자아 성찰을 주제로 표현력 트레이닝을 해보겠다. 멘탈 관리 편도 자아 성찰의 일종이라고 할 수 있는데 여기서는 '나는 지금 하는 일을 어떻게 느끼는가'라는 다소 큰 질문으로 트레이닝을 해보자.

만약 당신이 지금 하는 일에 알 수 없는 불만을 느끼거나 동기부여가 잘 되지 않는다면 자기 상황을 빗대어 읽어주기를 바란다.

장소는 술집. 몇 년 만에 친한 동기 몇 명이 모여 회포를 풀고 있다. 부서도 업무 내용도 전혀 다른 동기들이지만 조금씩 회사에서 존재감을 드러내는 이야기를 듣고 있으니 왠지 조금씩 마음이 가라앉는다. 옆에 앉아 있던 한 동기가 그 모습을 보고 당신에게 말을 건다.

동기 "괜찮아? 갑자기 말수가 줄었네?"
나 "다른 동기들 이야기를 듣고 있으니 혼자 뒤처지는 기분이 들어."
동기 "왜 그래?"
나 "지금 하는 일이 뭔가 맞지 않는 것 같아."

내가 정말로 하고 싶은 일은 무엇인가?

사고

(어떻게 생각하는가?
어떻게 느끼는가?)

이유

(왜 그렇게 생각하는가?
왜 그렇게 느끼는가?)

이런 질문은 받고 당신이라면 어떻게 대답하겠는가? 제한 시간은 2분이다.

2분이 지났다. 자신이 정말 하고 싶은 일을 딱 잘라 표현할 수 있는 사람은 생각보다 많지 않다. 하지만 취업을 준비하던 때를 떠올려보라.

어떤 업무를 하고 싶은지 끊임없이 생각하고 자기소개서에 쓰고 면접에서 이야기했을 것이다. 그러다가 막상 직장을 다니다 보면 하루하루 업무에 치여 자신이 정말 하고 싶은 일이 무엇인지 생각할 시간조차 갖지 못하는 사람이 대부분이다.

자신이 정말로 하고 싶은 일을 구체적으로 표현하지 못

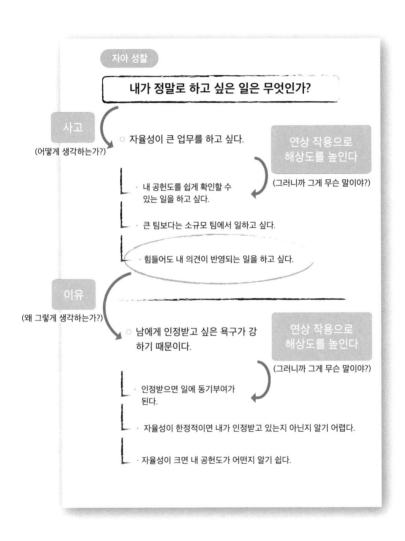

자아 성찰

내가 정말로 하고 싶은 일은 무엇인가?

사고
(어떻게 생각하는가?)

○ 자율성이 큰 업무를 하고 싶다.

연상 작용으로
해상도를 높인다

(그러니까 그게 무슨 말이야?)

· 내 공헌도를 쉽게 확인할 수
있는 일을 하고 싶다.

· 큰 팀보다는 소규모 팀에서 일하고 싶다.

· 힘들어도 내 의견이 반영되는 일을 하고 싶다.

이유
(왜 그렇게 생각하는가?)

○ 남에게 인정받고 싶은 욕구가 강
하기 때문이다.

연상 작용으로
해상도를 높인다

(그러니까 그게 무슨 말이야?)

· 인정받으면 일에 동기부여가
된다.

· 자율성이 한정적이면 내가 인정받고 있는지 아닌지 알기 어렵다.

· 자율성이 크면 내 공헌도가 어떤지 알기 쉽다.

하는 사람은 일의 목적도 흐릿해졌을 것이다. 일하는 이유를 찾지 못하면 동기부여도 잘 되지 않는다. 자신이 정말 하고 싶은 일이 뭔지 모르면 주위에서도 아무 일이나 시키게 되고 회사에서 인정받기도 어렵다.

반면 정말 하고 싶은 일을 제대로 표현하면 그것만으로도 일에 대한 자세가 바뀐다. 결과물도 달라진다. 메이저리그의 오타니 쇼헤이 선수가 고등학교 시절에 '만다라트 계획표'를 작성했다는 것은 매우 유명한 일화다. 언어로 표현하는 일이 자신의 의식과 행동에 큰 영향을 끼친다는 사실을 뒷받침해주는 이야기다.

당신도 이 트레이닝을 활용해 정말로 하고 싶은 일이 무엇인지 자신에게 물어보고 꼭 찾아내기를 바란다. 그 대답은 분명 당신 안에 이미 숨어 있을 것이다.

이직 왜 회사를 옮기고 싶은가?

다음은 이직을 주제로 트레이닝을 해보도록 하겠다. 최근 몇 년 사이에 이직이 크게 늘어 당연한 시대가 되었다. 오히려 이직을 한 번도 하지 않으면 커리어에 그다지 좋지 않다고 말하는 사람도 늘었다.

이직은 목적이 아니라 일을 통해 얻고자 하는 무언가를 찾기 위한 수단이어야 한다. 그 본질은 예나 지금이나 변함없다. 이직을 통해 이루고 싶은 궁극적인 목표가 무엇인지를 제대로 표현할 수 있으면 입사 면접에 자신이 생기고 이직을 결심한 후 마음의 흔들림도 막을 수 있다. 나아가 이직 후에도 후회를 줄일 수 있다.

어쩌면 당분간은 생각이 없는 사람도 있을 것이다. 이직이 당연한 세상이 된 만큼, 언젠가 이직하고 싶은 회사를 떠올려보며 답변을 적어보자. 제한 시간은 2분이다.

왜 회사를 옮기고 싶은가?

사고

(어떻게 생각하는가?
어떻게 느끼는가?)

이유

(왜 그렇게 생각하는가?
왜 그렇게 느끼는가?)

2분이 지났다. 사실 다른 회사에 가고 싶은 이유를 찾는 일은 현재 직장에서 느끼는 불만이 무엇이고 바라는 바가 무엇인지를 생각하는 일과 같다.

지금 다니는 회사에서 만족하지 못하고 있는 요소는 무엇인가? 업무 내용, 회사 규모, 연봉, 일과 생활의 균형 등 여러 요소 중에서 가장 중요하게 생각하는 것이 무엇인가? 그 이유는 무엇인가? 일에 관한 가치관이 모호했다면 이번 기회에 구체적으로 정리해두자. 자신이 정말로 회사에서 원하는 것이 무엇인지 재발견하는 기회가 될 것이다.

지금은 이직할 생각이 없어 이번 질문이 자신과 아무 상관이 없다고 느껴진다면 '지금 직장을 계속 다니고 싶은 이유는 무엇인가'라는 관점으로 생각을 정리해보아도 좋다. 지금 직장에 어떤 매력이 있는지 생각해보면 일할 때의 마음가짐이 더 긍정적인 방향으로 바뀔 것이다.

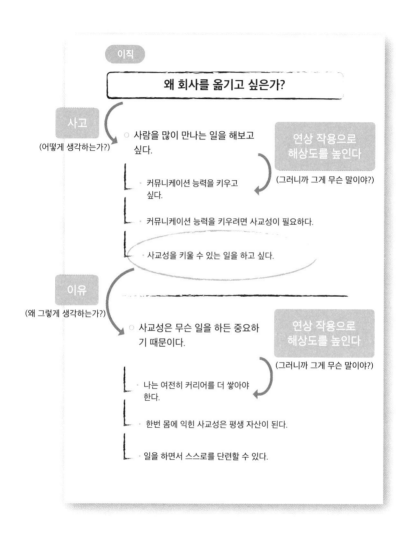

이직

왜 회사를 옮기고 싶은가?

사고

(어떻게 생각하는가?)

○ 사람을 많이 만나는 일을 해보고 싶다.

연상 작용으로 해상도를 높인다

(그러니까 그게 무슨 말이야?)

· 커뮤니케이션 능력을 키우고 싶다.

· 커뮤니케이션 능력을 키우려면 사교성이 필요하다.

· 사교성을 키울 수 있는 일을 하고 싶다.

이유

(왜 그렇게 생각하는가?)

○ 사교성은 무슨 일을 하든 중요하기 때문이다.

연상 작용으로 해상도를 높인다

(그러니까 그게 무슨 말이야?)

· 나는 여전히 커리어를 더 쌓아야 한다.

· 한번 몸에 익힌 사교성은 평생 자산이 된다.

· 일을 하면서 스스로를 단련할 수 있다.

이번에는 공부를 주제로 표현력 트레이닝을 진행해보겠다. 최근에는 취업 후에도 자기계발에 힘쓰는 사람이 늘고 있다. 이직을 위해 어학이나 자격증 공부를 하고, 관심 분야를 좀 더 깊이 있게 배우기 위해 일하면서 대학원에 다니는 사람도 많다. 100세 시대의 커리어를 생각했을 때 참 멋진 일이라고 생각한다.

다만 처음에는 열정과 의욕을 갖고 공부를 시작했더라도 회사 업무나 사적인 일로 빠지면 어느 순간 열정과 의욕을 잃어버리고 흐지부지 되는 경우도 적지 않다. 그럴 때를 대비해 이 트레이닝이 필요하다. 어른이 된 이후의 공부는 학창 시절 때와는 다르다. 의무 교육이 아니며 시험 점수가 나쁘다고 낙제하는 일도 없다. 어디까지나 스스로의 의지와 자신에게 도움이 된다는 믿음으로 공부를 해나가야 한다.

게다가 낮에는 일도 해야 한다. 가족과 보내야 하는 시간도 있다. 취미 시간도 필요하다. 이런 다양한 걸림돌이 예

독학

영어 공부를 왜 하는가?

사고

(어떻게 생각하는가?
어떻게 느끼는가?)

이유

(왜 그렇게 생각하는가?
왜 그렇게 느끼는가?)

상되는 상황 속에서 '왜 나는 공부를 하는가'에 대한 대답을 제대로 정리해두면 지치고 힘들 때 다시 떠올리며 의지를 가지고 공부를 이어나갈 수 있다.

당신이 만약 영어가 아닌 다른 공부에 몰두하고 있다면 해당 분야로 대체해도 된다. 제한 시간은 2분이다. 그럼 메모를 시작해보자.

2분이 지났다. 적다 보니 영어 공부가 목적이 아니라 영어를 활용해 실현하고 싶은 궁극적인 일이 무엇인지, 일과 삶에서 이루고 싶은 본래의 목적에 초점을 맞춰 생각하고 있는 자신을 발견했을지도 모르겠다. 그리고 문득 깨닫게 될 것이다. 영어 공부는 어디까지나 목적을 달성하기 위한 수단일 뿐이라고 말이다.

'당연한 말씀! 영어는 수단일 뿐이죠'라고 생각하실 수도 있다. 하지만 영어 공부를 계속하다 보면 자신도 모르게 영어 공부 자체가 목적이 되어버리는 경우도 의외로 많다.

'오늘은 시간이 없어서 영어 공부를 못했네', '영어 공부해야 하는데 드라마를 봐버렸어. 어떡하지?' 등과 같이 영어 공부를 했는지 못했는지에 따라 그날 하루를 평가하는 자신을 발견하게 된다.

이처럼 목적과 수단을 혼동하는 일은 공부뿐 아니라 다양한 상황에서 자주 일어난다. 회사 선배가 "이번 건 좀 재미있게 기획해봐"라는 업무 지시를 내렸는데, 어느 순간 재미있게 하는 것에만 정신이 팔려 기획으로 이뤄내야 하는 본래의 목적을 놓치기도 한다. 다시 말하지만, 그럴 때야말로 표현력 트레이닝이 필요한 순간이다.

본래의 목적을 확실히 적어두면 '왜 지금 그 일을 하고 있는지' 언제든 다시 상기할 수 있다. 이번 트레이닝을 빗대어 말하면 '왜 내가 그 공부를 하고 있는지'를 되돌아볼 수 있다. 목적이 분명해지면 중도에 포기하지 않고 공부를 계속 이어갈 수 있다.

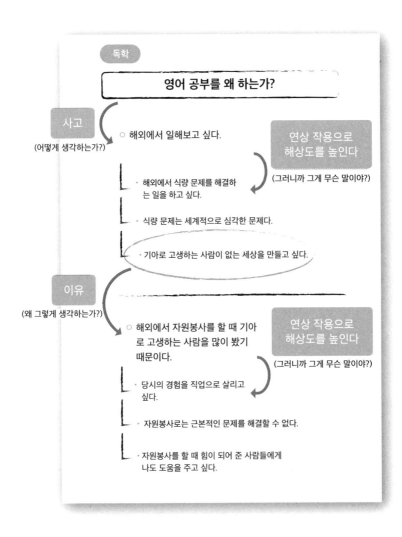

독학

영어 공부를 왜 하는가?

사고
(어떻게 생각하는가?)

○ 해외에서 일해보고 싶다.

연상 작용으로 해상도를 높인다

(그러니까 그게 무슨 말이야?)

- 해외에서 식량 문제를 해결하는 일을 하고 싶다.

- 식량 문제는 세계적으로 심각한 문제다.

- 기아로 고생하는 사람이 없는 세상을 만들고 싶다.

이유
(왜 그렇게 생각하는가?)

○ 해외에서 자원봉사를 할 때 기아로 고생하는 사람을 많이 봤기 때문이다.

연상 작용으로 해상도를 높인다

(그러니까 그게 무슨 말이야?)

- 당시의 경험을 직업으로 살리고 싶다.

- 자원봉사로는 근본적인 문제를 해결할 수 없다.

- 자원봉사를 할 때 힘이 되어 준 사람들에게 나도 도움을 주고 싶다.

나에게 힐링이란 무엇인가?

표현력 트레이닝 실천편의 마지막은 잡담에 관한 트레이닝이다. 최근 몇 년간 재택근무가 증가하면서 업무 중 잡담의 가치가 새롭게 주목받고 있다. 나 또한 집에서 업무를 볼 기회가 많이 늘었는데, 아무래도 재택근무를 할 때는 동료들과 잡담을 나눌 일이 줄어든다.

사실 잡담은 새로운 시각과 정보를 공유하는 의사소통의 장이다. 잡담 시간에 주고받은 이야기에서 영감을 얻어 새로운 사업 아이템을 발굴하거나 눈앞에 닥친 문제를 극적으로 해결하는 경우도 종종 있다.

그래서 최근 감소하고 있는 업무 중 잡담 시간에 가능한 한 의미 있고 재미있는 이야기를 많이 나누기 위해 '힐링'이라는 키워드로 이야깃거리를 만들어보려고 한다. 그럼 종이와 펜을 준비해 바로 시작해보자.

나에게 힐링이란 무엇인가?

사고

(어떻게 생각하는가?
어떻게 느끼는가?)

이유

(왜 그렇게 생각하는가?
왜 그렇게 느끼는가?)

2분이 지났다. 이번 주제에도 정해진 답은 없다. 최근 편안함을 느꼈던 순간이 언제였나? 그때 기분은 어땠나? 편안함을 느낄 수 있었던 이유는 무엇인가? 그밖에 비슷한 느낌을 가져본 적은 없었나? 어렸을 때는 어땠나?

이처럼 자신을 취재하면서 지금까지 어렴풋이 이미지로만 남아 있던 '힐링'에 관한 생각을 메모해보자.

힐링 외에도 잡담 주제로 생각해볼 수 있는 질문은 무수히 많다. 그날 뉴스에서 본 기삿거리나 출퇴근 중 우연히 목격한 광경 중에서 조금이라도 관심이 있는 분야가 있다면 다양한 주제의 질문으로 만들어 표현력 트레이닝을 다채롭게 이어갈 수 있다.

어쨌든 조금이라도 궁금한 일상 속 관심사가 있다면 2분 동안만 그 일이 왜 궁금한지 기록해보자. 이런 습관이 쌓이면 표현력은 반드시 향상된다. 그리고 몇 달 후에는 어떤 주제로 잡담을 하든 자신만의 생각을 자연스럽게 말할 수 있게 될 것이다.

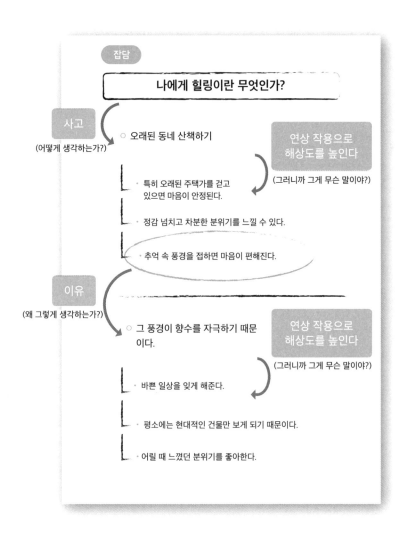

잡담

나에게 힐링이란 무엇인가?

사고
(어떻게 생각하는가?)

○ 오래된 동네 산책하기

> 연상 작용으로
> 해상도를 높인다
>
> (그러니까 그게 무슨 말이야?)

· 특히 오래된 주택가를 걷고
  있으면 마음이 안정된다.

· 정감 넘치고 차분한 분위기를 느낄 수 있다.

· 추억 속 풍경을 접하면 마음이 편해진다.

이유
(왜 그렇게 생각하는가?)

○ 그 풍경이 향수를 자극하기 때문
  이다.

> 연상 작용으로
> 해상도를 높인다
>
> (그러니까 그게 무슨 말이야?)

· 바쁜 일상을 잊게 해준다.

· 평소에는 현대적인 건물만 보게 되기 때문이다.

· 어릴 때 느꼈던 분위기를 좋아한다.

카피라이터의 표현법

4장에서는 주로 업무를 활 때 활용할 수 있는 질문을 구체적으로 상정하여 표현력 트레이닝을 실천해보았다. 실제로 해보니 결코 어려운 트레이닝은 아니었을 것이다. 이제 구체적인 방법을 익혔으니 남은 것은 매일 실천하는 일 뿐이다. 트레이닝을 계속 이어가기만 하면 표현력도 확실히 향상될 것이다.

마지막 장에서는 카피라이터로 일해온 경험을 바탕으로 표현력을 더욱 향상하는 데 도움이 되는 더 상세한 팁과 유용한 습관을 소개하겠다.

5장

말의 해상도를 높이는
카피라이터의 습관

'지금 우리 팀의 문제는 무엇인가?'

이 질문을 보고 생각나는 것을 우선 무엇이든 써보는 방법이
지금까지 이 책에서 설명한 표현력 트레이닝이었다.
이 습관만 몸에 익혀도 표현력이 눈에 띄게 좋아진다.

그런데 만약 더 높은 수준의 표현력을 목표로 한다면 이야기가 다르다.

'무엇이든 써본다'에서 한 단계 더 나아가 '쓰는 내용'까지
함께 고민해보는 것이 좋다.

그럼 어떤 내용을 쓰는 게 좋을까?

이 책을 마무리하기에 앞서 마지막 장에서는
말의 해상도를 더욱 높이기 위한 습관을 알려드리고자 한다.

자신의 경험에서 출발하라

여기까지 읽으셨다면 표현력의 개념과 중요성, 메모를 활용한 표현력 트레이닝에 관해 충분히 이해하셨으리라 생각한다. 특히 4장에서 함께 실천한 트레이닝만 일상에서 습관화해도 확실한 효과를 볼 수 있으니 이 책을 다 읽은 후에도 계속 트레이닝을 이어가주기를 바란다. 그런데 기본적인 수준을 뛰어넘어 말하는 내용의 질과 매력을 한 층 더 높이고 싶은 분도 있을 것이다.

이 책의 마지막인 5장에서는 카피라이터로 일하면서 중

요하게 생각했던 습관과 말의 해상도를 높이는 사고법뿐 아니라 구체적인 전달법까지 소개하고자 한다. 이를 표현력 트레이닝에 덧붙이면 더 확실하게 표현력을 향상시킬 수 있을 것이다.

사실 표현력 트레이닝에서는 어떤 내용을 써도 상관없다. 하지만 이런 자율성 때문에 혼란을 겪는 사람도 많을 것이다. 빈 종이를 보며 무엇을 써야 좋을지 모르겠다는 고민에 빠질지도 모른다. 제약 없이 무언가를 쓴다는 일은 언뜻 자유로워 보이지만 실은 매우 어려운 일이다. 카피라이터들도 광고 카피를 쓰거나 광고를 만들 때 이런 고민에 늘 빠진다.

가령 클라이언트로부터 "타깃이 누구든 상관없으며 예산도 원하는 만큼 투여할 테니 광고할 상품을 직접 골라 자유롭게 아이디어를 제안해주세요"라는 요청을 받았다고 생각하면 앞이 캄캄해진다. "아이디어를 내는 데 도움이 될 만한 것은 아무것도 없나요?"라고 오히려 클라이언트에게 질문하고 싶은 심정이다.

이처럼 자율성이 너무 크면 무슨 생각을 해야 할지 난감해지고 좋은 아이디어도 구체적으로 잘 떠오르지 않는다. 비단 광고 카피나 광고 제작에만 국한된 이야기는 아니다. 사회를 둘러보면 어떤 일이든 제약이 있기 마련이고 그 제약을 해결하고 극복하려고 노력할 때 더 좋은 결과가 나오기도 한다.

이 책에서 소개하는 표현력 트레이닝은 어떻게 보면 매우 자유롭다. 물론 질문이나 사고, 이유를 써야 하는 규칙이 있기는 하지만 쓰는 내용만큼은 자유롭다. 그리고 써 내려가는 내용에는 어떠한 정답도 없다.

그렇기에 오히려 너무 막막해서 좀처럼 트레이닝을 시작할 수 없다는 사람도 있다. 스스로 써내려간 내용이 너무 빈약하고 의미가 없는 것 같아 불안해할 수 있다. 만약 당신이 트레이닝을 하면서 이런 고민에 빠졌다면 반드시 알아두어야 할 점이 있다. 이 트레이닝을 시작할 때는 가능한한 자신의 경험에서 출발하는 편이 좋다는 점이다.

경험은 기억 속 서랍을 열어가는 작업

|

다소 추상적인 설명이 될 수 있으므로 4장 실천편에서 처음 연습했던 질문을 예로 들어 같이 생각해보자. '지금 우리 팀의 문제는 무엇인가?'라는 질문이다.

앞서 이 질문에 대답했던 때를 되돌아보자. 먼저 이 질문을 보고 어떤 생각을 했는가? 아마 지금 자신이 소속된 팀 동료들의 얼굴을 떠올리거나 팀에서 있었던 과거의 일을 더듬어봤을 것이다.

그래서 결과적으로 자신이 소속된 팀의 문제점을 거침없이 써 내려갈 수 있었는가? 아니면 아무것도 쓰지 못했는가? 후자라면 어떤 일을 떠올려야 하는지조차 스스로 알지 못하는 상태였기 때문일 것이다.

표현력 트레이닝을 실천할 때 반드시 고려해야 할 점이 있다. 바로 질문에 알맞은 자신의 경험을 먼저 떠올려야 한다는 점이다. 이번 질문을 예로 들면, 우선 팀에서 겪은 일을 떠올려보는 것이다. 팀 회의 경험, 팀원들과 휴식 시간에 잡담했던 경험, 팀 회식 때의 경험 등 당신의 기억 속에는 팀에서 겪은 무수히 많은 경험이 존재한다. 그런 기억의 서랍을 하나씩 열어본다고 생각하면 이해가 쉽다. 그렇게 기억 속 서랍을 열어가는 작업이야말로 내 안에 잠들어 있던 어렴풋한 이미지를 언어로 표현해가는 일이다.

어떤가? 표현력 트레이닝을 자신의 경험을 차례차례 떠올려내는 작업이라고 생각하면 누구라도 그리 어렵지 않게 답변을 써 내려갈 수 있지 않을까? 어떤 일이든 나름대로 틀이나 원칙만 주어진다면 훨씬 다루기가 쉬워진다. 표현력 트레이닝도 마찬가지다. 다시 한 번 강조하자면 표현, 즉 언어화는 자신의 경험을 떠올리는 일에서 시작된다. 이 점을 계속 염두에 둔다면 표현력 트레이닝이 한층 쉽게 느껴질 것이다.

이때 매우 중요한 한 가지 포인트가 있다. 바로 '경험이란 무엇인가'라는 물음이다. 이런 질문을 받으면 어떻게 대답해야 할까? 경험이라는 말을 얼마나 이해하고 있느냐가 표현력을 높이는 중요한 포인트이므로 좀 더 자세히 이야기해보겠다.

경험 = 사건 + 느낀 점

만약 필자에게 '경험이란 무엇인가'라고 묻는다면 '사건'과 '느낀 점'으로 구성된 일이라고 대답할 것이다.

'사건'이란 과거에 겪은 사실이나 일 자체를 말한다. 그리고 '느낀 점'이란 과거에 체험한 사실이나 일을 통해 자신이 느낀 것을 가리킨다〈도표 8〉.

과거의 경험을 떠올려보라고 하면 의외로 많은 사람이 '사건'에만 집중하고, 그에 따른 '느낀 점'은 간과한다. 다소 개념적인 이야기이므로 바로 이해하기 힘든 사람도 있을 것이다. 그래서 앞에서 예로 든 '지금 우리 팀의 문제는 무엇인가'라는 질문을 통해 좀 더 구체적으로 '사건'과 '느낀 점'의 차이를 말씀드리고자 한다.

이 질문에 답변할 때 우선 '팀에서의 경험'을 떠올리자는 이야기를 조금 전에 했다. 예를 들어 최근에 진행한 팀 회의를 떠올리면서 자신의 기억을 더듬어보자.

이때 중요한 점은 '얼마 전에 팀에서 회의를 했다'라는 사건에서 사고를 멈추지 않는 것이다. 사건을 떠올리는 것만으로는 생각을 제대로 표현할 수 없다. 그 사건을 통해 느낀 점이 무엇인지까지 생각해야 '팀에서의 경험'을 떠올린다는 행위가 성립된다.

가령 회의에서 팀장이 발언의 주도권을 가지고 있었다면 당신은 팀 내 소통이 원활하지 않다고 느꼈을 것이다. 이것이 바로 '느낀 점'이다. 이 느낌은 지금까지 당신이 못마땅하게 생각했던 팀의 문제점을 표현하는 데 훌륭한 재료가 된다. 어떤 사건을 떠올리는 것만으로는 깊은 생각에 도달할 수 없다. 사건과 느낀 점을 함께 생각해내야 비로소 좋은 생각이 완성된다〈도표 9〉.

그럼 지금까지의 이야기를 염두에 두고 194쪽에 나오는 두 결과물을 살펴보자(여기서는 '사고'와 '이유' 중 '사고' 부분만 다루었다). A와 B 중 어느 쪽이 더 독창적인 생각에 부합하는 메모일까?

경험

||

'사건'

(프레젠테이션 전에
팀 회의를 가졌다.)

+

'느낀 점'

(팀장이 발언을 독점해 팀원 간
소통이 부족했다.)

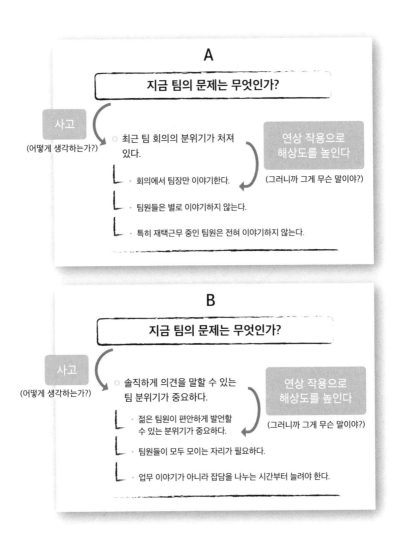

A

지금 팀의 문제는 무엇인가?

사고
(어떻게 생각하는가?)

○ 최근 팀 회의의 분위기가 처져 있다.

연상 작용으로
해상도를 높인다

- 회의에서 팀장만 이야기한다.

(그러니까 그게 무슨 말이야?)

- 팀원들은 별로 이야기하지 않는다.

- 특히 재택근무 중인 팀원은 전혀 이야기하지 않는다.

B

지금 팀의 문제는 무엇인가?

사고
(어떻게 생각하는가?)

○ 솔직하게 의견을 말할 수 있는 팀 분위기가 중요하다.

연상 작용으로
해상도를 높인다

- 젊은 팀원이 편안하게 발언할 수 있는 분위기가 중요하다.

(그러니까 그게 무슨 말이야?)

- 팀원들이 모두 모이는 자리가 필요하다.

- 업무 이야기가 아니라 잡담을 나누는 시간부터 늘려야 한다.

카피라이터의 표현법

A에는 오로지 팀에서 일어난 사건만 적혀 있다. 반면 B에서는 실제 사건과 그것을 통해 느낀 점이 무엇인지까지 드러난다. 이 두 가지를 비교하면 B가 훨씬 더 구체적인 생각을 담고 있음을 알 수 있다.

표현력 트레이닝을 실천하면서 상정한 질문에 답할 때는 의식적으로 과거의 경험 속 일어난 사건에서 느꼈던 점이 무엇인지 떠올려보고 그것까지 적어보아야 한다. 이로써 이 책이 제시하는 트레이닝의 효과를 한층 더 높일 수 있으므로 꼭 실천해보기를 바란다.

또한 경험을 떠올리는 일이 그저 표현력을 기르는 데만 효과적인 것은 아니다. 회의 중에 갑자기 질문을 받거나, 기획서에 자신의 생각을 써넣을 때, 그 밖에도 자신의 의견을 제시해야 하는 다양한 업무 상황에서 이전에 있었던 경험을 떠올려보는 일은 매우 중요하다.

특히 그 일을 겪으며 느꼈던 점을 표현하는 습관을 몸에 익히면 아무리 갑작스러운 질문을 받아도 당신만의 관점이 담긴 의견을 자연스럽게 표현할 수 있을 것이다.

감정에 초점을 맞춘다

앞서 이야기한 내용을 요약하면 다음과 같다. 일어난 사건 뿐 아니라 느낀 점까지 떠올리는 습관을 들이면 당신의 생각을 훨씬 구체적이고 독특하게 표현할 수 있다. 직접 느낀 감상이기에 써 내려가기도 수월하다. 결과적으로 남들 앞에서도 자신의 생각을 조리 있게 표현할 수 있다.

지금부터는 느낀 점을 떠올릴 때 반드시 의식해야 할 점, 즉 느낀 점을 언어화하는 데 도움이 되는 요령을 알려드리겠다. 어쩌면 '과거 경험에서 무엇을 느꼈는지 기억해 보려고 해도 오래전 일이라 잘 생각이 나지 않는다'는 사람도 많을 것이다.

우리는 과거에 일어난 일에서 반드시 무언가를 느끼게 되어 있다. 하지만 그것이 언어로 표현되지 않은 채 어렴풋한 이미지로 머릿속에 잠들어 있다면 느낀 점을 떠올려 구체적으로 써보라고 해도 금방 되지 않는다.

그럼 무엇을 단서로 느낀 점을 떠올리면 될까? 이때 필요한 키워드가 바로 감정이다. 무슨 말인지 이해가 되지 않는 사람을 위해 좀 더 자세히 설명하겠다.

사람은 평소에 다양한 감정을 느끼며 살아간다. 다음에 나오는 〈도표 10〉과 같이 감정을 언어로 표현해보면 우리에게는 실로 수많은 감정이 존재하고 있음을 깨달을 수 있다. 자신이 지금 어떤 감정인지 일일이 표현하지 않더라도 감정을 인식하는 것만으로 여러 상황 속에서 다양한 감정을 품고 있음을 발견할 수 있다.

도표10) 감정의 종류

수용	신뢰	존경
평온	기쁨	황홀
관심	기대	경계
초조	분노	격분
지겨움	혐오	강한 혐오
애수	슬픔	비탄
방심	놀라움	경탄
불안	두려움	공포

감정의 강도 →

예를 들면 아이와 놀다가 생기는 감정, 영화를 보고 생기는 감정, 마트에서 쇼핑할 때 생기는 감정, 뉴스를 보고 생기는 감정 등 생활하면서 순간순간마다 생기는 감정은 무수히 많다.

업무 중에도 마찬가지다. 팀원과 일하다가 생기는 감정, 후배와 이야기하다가 생기는 감정, 클라이언트의 요구 사항을 듣다가 생기는 감정, 프레젠테이션을 하면서 생기는 감정, 기획서를 쓰면서 생기는 감정, 일을 어떻게 진행할지 고민하다가 생기는 감정 등 여기에 다 쓸 수 없을 만큼 우리 내면에서는 매 순간 어떠한 감정이 계속 일어난다.

마찬가지로 과거에도 어떠한 일을 겪으면서 느낀 점이 분명 있을 것이다. 이 감정의 흔들림에 초점을 맞추는 것이 당시 느낀 점을 떠올리게 해주는 단서가 된다.

감정은 항상 말로는 표현되지 않는 메시지를 보낸다. 그 메시지에 귀를 기울이는 일이 생각을 언어화하는 첫걸음이다. 부디 '감정의 흔들림'에 항상 민감하기를 바란다.

SNS를 활용해 표현력 업그레이드하기

내가 신참 카피라이터였을 때는 아직 SNS라는 게 만들어지지 않았다. 지금은 다양한 SNS가 탄생했지만 언어를 다루는 일을 하는 내게는 특히 트위터(현재 X)의 등장이 매우 충격적이었다.

트위터는 기본적으로 글을 공유하는 SNS로 140자라는 제한이 있다. 처음에는 사람들이 이런 제약에도 불구하고 트위터를 사용할까 하는 의구심도 있었지만 약 15년이 흐른 지금은 트위터가 많은 사람의 일상이 되었다. 지금처럼 많은 사람들이 일상에서 느낀 점을 언어로 표현해 공유하는 시대는 역사적으로도 찾아보기 힘들다.

느낌을 언어화한다는 행위야말로 표현력 트레이닝 그 자체다. 만약 SNS에 별로 거부감이 없다면 꼭 적극적으로 사용해보기를 추천한다.

표현력 트레이닝을 목적으로 SNS를 활용할 때는 앞서 설명했듯 당신의 경험을 공유한다는 마음가짐이 중요하다. '경험을 공유한다'란 '일어난 사건'과 그를 통해 '느낀 점'을 동시에 공유하는 것을 의미한다.

이 점에 관해 조금 더 같이 생각해보자. 참고로 지금부터의 이야기는 어디까지나 SNS를 표현력 트레이닝의 도구로 활용한다는 관점이며, SNS의 기본 취지와는 다를 수 있으니 참고해주길 바란다.

예를 들어, 회사 동료와 휴일에 캠핑을 다녀온 후 그 일을 SNS에 올린다고 생각해보자. 당신이라면 어떤 글을 쓰겠는가? 다음과 같은 글이 가장 일반적일테다.

'회사 동료들과 캠핑 다녀왔어요!'

이 글은 일어난 사건 자체만 기록했다. 만약 SNS를 활용해 표현력을 길러볼 생각이라면 느낀 점까지 확실히 말로 표현하는 것이 중요하다.

'대리님의 요리 실력에 깜짝 놀랐어요.'
'캠핑을 하니 각자의 요리 솜씨가 다 드러나는군요.'

'요리를 잘하는 건 평소에 집에서도 해서 그런가 봐요.'

'캠핑을 하면 집에서의 모습도 엿볼 수 있어요.'

'캠핑은 그 사람의 다른 면을 보여주는 시간인 것 같아요.'

'어쩌면 부장님의 진짜 모습을 몰랐던 것 같아요.'

'누구나 회사 생활만으로는 알 수 없는 매력이 있네요.'

'앞으로는 숨겨진 모습도 보려고 노력해야겠어요.'

'동료들과 함께하는 캠핑이 어쩌면 팀워크에 효과적일 수도 있겠어요.'

이 밖에도 많겠지만, 이렇게 일어난 사건을 통해 느낀 점을 언어로 기록해두는 습관을 가지면, 캠핑 중에는 제대로 표현할 수 없었던 깨달음과 생각도 SNS를 통해 언어화할 수 있다.

만약 '회사 동료들과 캠핑 다녀왔어요!'라는 말로만 글을 끝낸다면 나중에 이러한 깨달음이나 생각을 표현해볼 기회도 없을 것이다. 말하자면 회사의 다른 동료들이 캠핑이 어땠냐고 질문했을 때도 자신만의 감상을 이야기할 수 없을 뿐만 아니라 그저 '즐거웠어요'라는 단답형으로 대화가 끝나는 어색한 상황이 연출될지도 모른다.

여기까지 설명으로는 SNS를 활용한 표현력 트레이닝도 3장과 4장에서 자세히 소개한 표현력 트레이닝과 기본적인 목적이 다르지 않음을 알 수 있다. 그러나 종이 메모와 SNS에는 큰 차이점이 있다. SNS를 활용한 트레이닝은 종이 메모를 활용한 트레이닝의 진화 버전이다. 다들 아시다시피 SNS에 쓴 글은 누군가가 볼 수 있기 때문이다.

이 책에서는 지금까지 표현력을 기르기 위해 자신의 경험을 써보는 행위에 초점을 맞춰 이야기해왔다. 그럼 트레이닝을 할 때부터 누군가에게 이야기한다고 생각하며 써보면 어떨까? 지금부터는 '전달'이라는 측면에서도 메모의 중요성을 함께 생각해보자.

표현력을 높이는 마지막 스텝

지금까지 반복해서 말씀드린 표현, 즉 언어화가 어렴풋한 이미지 형태로 존재하는 생각을 단순히 말로 구현하는 것을 뜻하는가 하고 물으면 반드시 그렇지만은 않다.

애초에 표현력을 기르고 싶은 목적이 무엇인가? 회의를 하거나 프레젠테이션할 때 혹은 기획서 등 자료를 작성할 때 내면에 있는 생각을 제대로 전달하기 위해서다. 표현력은 그 목적을 이루기 위한 수단인 셈이다.

상대방에게 전해지는 말이 아니면 사실상 의미가 없다. 표현력을 좀 더 상세히 정의하면 '자신의 느낀 점을 상대방이 이해하고 공유할 수 있는 말로 구현하는 능력'이다. 그렇기 때문에 표현력을 기르면 당신이 느낀 것을 상대방에게 제대로 전달할 수 있게 된다. 말은 그림이나 일러스트, 몸짓, 손짓보다 전달력이 뛰어나기 때문이다.

사실 이 이야기는 1장에서 소개한 'what to say'와 'how to say'와도 연결된다. 1장에서는 '어떻게 말할 것인가(how to say)'보다 '무엇을 말할 것인가(what to say)'가 중요하다는 말씀을 드렸다. 그 점은 물론 변함이 없다.

하지만 '무엇을 말할 것인가'를 정리한 뒤 '어떻게 말할 것인가'까지 고민하여 이야기하면 자신의 생각을 더 제대로 상대와 공유할 수 있는 것도 사실이다.

이 책에서 소개한 표현력의 개념을 다시 정리해보면 총 세 가지 스텝으로 구성되어 있음을 알 수 있다〈도표 11〉.

스텝①과 스텝②는 이미 3장과 4장에서 함께 여러 번 연습해본 표현력 트레이닝이다. 경험을 통해 느낀 점, 즉 당신만의 생각과 의견을 말로 표현하는 방법은 이미 앞에서 설명하였으니, 해당 내용을 복습하고 싶다면 3장과 4장을 다시 읽어보자.

그럼 나머지 스텝③, 머릿속에서 정리된 생각과 의견을 '어떻게 상대에게 전달되는 말로 표현할 것인가'라는 부문만 잘 익히면 표현력은 더욱 향상될 수밖에 없다. 다만, 스텝③이 제대로 이루어지지 않는다고 해서 전하고 싶은 메시지 자체를 잃어버리는 것은 아니기에 말이 유창하지 않다거나 전달법에 소질이 없다고 해서 너무 걱정할 필요는 없다.

예를 들어, 회의나 프레젠테이션을 떠올려보자. 발언자의 말이 비록 어눌하고 서툴더라도 내용이 제대로 담긴 발언이라면 상대에게도 그 의견이 확실히 전달될 것이다.

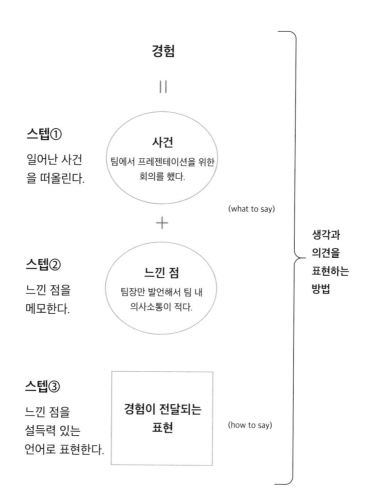

스텝①

일어난 사건
을 떠올린다.

스텝②

느낀 점을
메모한다.

스텝③

느낀 점을
설득력 있는
언어로 표현한다.

경험

=

사건
팀에서 프레젠테이션을 위한
회의를 했다.

(what to say)

+

느낀 점
팀장만 발언해서 팀 내
의사소통이 적다.

경험이 전달되는
표현

(how to say)

생각과
의견을
표현하는
방법

중요한 것은 말속에 발언자의 생각과 의견이 확실히 담겨 있는지 여부다. '전달되는 말인가 아닌가'는 어디까지나 일종의 부가적인 장식물이다.

그렇지만 5장에서는 말의 해상도를 더욱 높이기 위한 심화적 방법까지 알아보기로 했으므로 스텝③에 등장하는 전달법까지 몸에 익혀두기로 하자. 이 부분은 할 수 있으면 좋고 아니면 어쩔 수 없다는 식으로 생각하면서 긴장을 풀고 편안한 마음으로 살펴보기를 바란다.

생각을 효과적으로 전달하는 방법

경험한 사건과 느낌을 효과적으로 전달하는 방법을 이야기하기에 앞서 한 가지 말씀드리고 싶은 것이 있다. '지금까지 실천해온 것과 다른 트레이닝을 또 해야 하나? 어쩌지?' 하고 부담스러워하는 분이 계실지 모르기 때문이다.

하지만 걱정할 필요 없다. 구체적인 내용은 다소 다를 수 있으나 이 트레이닝 또한 앞에서 소개했던 표현력 트레이닝의 연장선상에 있기 때문이다. 4장에서 이야기한 실천편의 주제 중 '회의 편'을 살펴보면 스텝③의 내용이 이 책으로 지금까지 연습해온 내용과 연결되어 있음을 알 수 있을 것이다. 그럼 바로 연습으로 들어가보자. 이 트레이닝도 지금까지와 마찬가지로 메모와 펜을 사용할 예정이니 준비하도록 하자.

먼저 4장 실천편에서 했던 것처럼 관심 있는 주제와 관련된 질문을 하나 정하고 위에 쓴다. 앞에서 몇 번 연습했던 '지금 우리 팀의 문제는 무엇인가'를 가지고 연습해보자. 이미 연습한 주제이기 때문에 기존의 내용과 같아도 상관없고, 다시 새롭게 메모를 작성해도 된다. 이때는 자신의 경험을 떠올리면서 일어난 사건과 느낀 점을 확실히 구별하고 느낀 점을 되도록 구체적으로 표현하려는 의식을 갖도록 하자.

평소처럼 제한 시간은 2분이다. 그럼 시작해보자.

자, 2분이 지났다. 먼저 작성한 메모를 보면서 사건을 통해 느낀 점이 제대로 표현되어 있는지 체크해보자. 만약 메모에 일어난 사건만 작성되어 있다면 느낀 점이 무엇인지 다시 떠올려보고 작성하길 바란다.

이제 당신이 팀에 관해 느낀 점이 언어로 표현되었다. 그럼 지금부터는 정리한 생각과 의견을 효과적으로 전달하기 위한 트레이닝을 시작하겠다. 구체적으로 다음 두 단계를 통해 더 효과적인 표현으로 바꿀 수 있다.

① 정리한 생각과 의견을 그룹화한다.
② 가능한 한 짧고 간단하게 표현한다.

그럼 이 두 단계를 하나씩 차근차근 살펴보자.

① 정리한 생각과 의견을 그룹화한다

표현력 트레이닝에서 가장 중요한 포인트는 설정한 질문

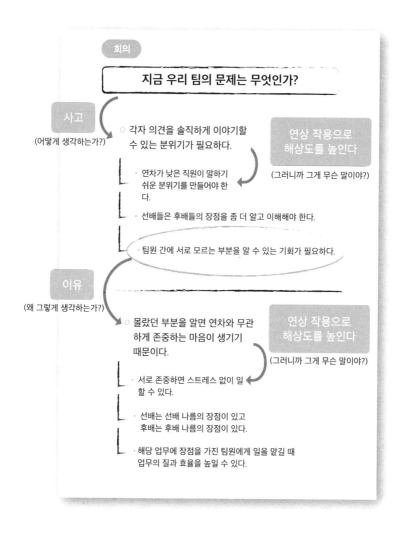

회의

지금 우리 팀의 문제는 무엇인가?

사고

(어떻게 생각하는가?)

○ 각자 의견을 솔직하게 이야기할 수 있는 분위기가 필요하다.

연상 작용으로 해상도를 높인다

(그러니까 그게 무슨 말이야?)

- 연차가 낮은 직원이 말하기 쉬운 분위기를 만들어야 한다.

- 선배들은 후배들의 장점을 좀 더 알고 이해해야 한다.

- 팀원 간에 서로 모르는 부분을 알 수 있는 기회가 필요하다.

이유

(왜 그렇게 생각하는가?)

○ 몰랐던 부분을 알면 연차와 무관하게 존중하는 마음이 생기기 때문이다.

연상 작용으로 해상도를 높인다

(그러니까 그게 무슨 말이야?)

- 서로 존중하면 스트레스 없이 일할 수 있다.

- 선배는 선배 나름의 장점이 있고 후배는 후배 나름의 장점이 있다.

- 해당 업무에 장점을 가진 팀원에게 일을 맡길 때 업무의 질과 효율을 높일 수 있다.

에 답을 작성할 때 스스로 생각해낸 것이라면 무엇이든 적을 수 있다는 점이다. 하지만 이렇게 자유롭게 써 내려가다 보면 여러 생각이 체계 없이 중구난방으로 흩어져 있을 가능성이 높다.

이번에는 작성한 메모 중에 비슷한 내용을 그룹화해 정리해보겠다. 그리고 그룹에 A, B…… 등과 같이 이름을 붙여보자. 예를 들어 다음과 같다.

A그룹은 '팀원끼리 좀 더 의견을 나눌 수 있도록 분위기 조정이 중요하다'는 의견이다. 그중에서 특히 연차가 낮은 직원들이 의견을 말하기 어려운 분위기라는 점을 문제로 삼고 있다. B그룹은 재택근무가 늘어난 요즘 상황을 감안해 '팀원끼리 얼굴을 마주할 수 있는 자리의 필요성'을 느끼는 것 같다. 게다가 단지 얼굴을 마주하는 것뿐 아니라 업무와 관계없는 잡담 시간을 가짐으로써 서로를 깊이 알 필요가 있다고 느끼고 있다.

이처럼 서로 별개인 듯한 메모를 하나씩 그룹화해보면 생각이 더욱 체계적으로 저장된다.

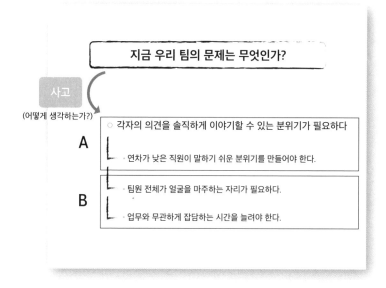

지금 우리 팀의 문제는 무엇인가?

사고
(어떻게 생각하는가?)

A ○ 각자의 의견을 솔직하게 이야기할 수 있는 분위기가 필요하다

 · 연차가 낮은 직원이 말하기 쉬운 분위기를 만들어야 한다.

B · 팀원 전체가 얼굴을 마주하는 자리가 필요하다.

 · 업무와 무관하게 잡담하는 시간을 늘려야 한다.

② 가능한 한 짧고 간단하게 표현한다

그룹화를 통해 생각이 체계적으로 정리되었다면 이제 상대에게 효과적으로 전달할 수 있는 다른 표현으로 바꾸어보는 연습을 해보자. 이때는 '가능한 한 짧고 간단한 문장을 사용한다'는 생각이 가장 중요하다. 유감스럽게도 우리가 하고 싶은 말이나 글은 생각 이상으로 상대에게 잘 전달되지 않기 때문이다.

나는 카피라이터로서 TV 광고 제작에 참여할 기회가 많이 있었다. TV 광고는 15초로 제작하는 경우가 많은데, 흔히 "15초로 전달할 수 있는 메시지는 단 하나뿐이다"라고들 한다.

물론 TV 광고의 경우와 회의나 프레젠테이션에 참여했을 때의 경우가 다르다는 것은 잘 알고 있다. 하지만 상대에게 무언가를 이야기할 때는 많은 말을 쏟아낸다고 의견이 잘 전달되는 것은 아니라는 사실에 항상 주의를 기울여야 한다.

그럼 앞서 나온 메모를 바탕으로 그룹화된 생각을 최대

한 간단하게 표현해보는 연습을 하겠다. 가급적 수식어나 불필요한 말은 모두 잘라내면서 내용이 전달될 수 있는 최소한의 문장으로 다듬어보자. 예시는 다음 페이지에 실어두었다.

물론 문장을 다듬을 때 반드시 정답이 하나만 있는 것은 아니다. 누군가를 설득할 수 있는 문장이 될 때까지 몇 번이고 다시 고쳐보자. 이처럼 문장을 다듬는 시간은 표현력 트레이닝의 마지막 과정일 뿐 아니라 생각과 의견이 체계화되는 소중한 시간이다.

이제는 실천만 하면 된다. 당신이 회의에서 막힘없이 자기 의견을 말하고, 생각한 대로 기획서를 작성하는 날이 오기를 기대한다.

그럼 마지막으로 평소에도 습관으로 삼으면 좋은 메모의 새로운 활용법과 질문법을 조금만 언급하겠다.

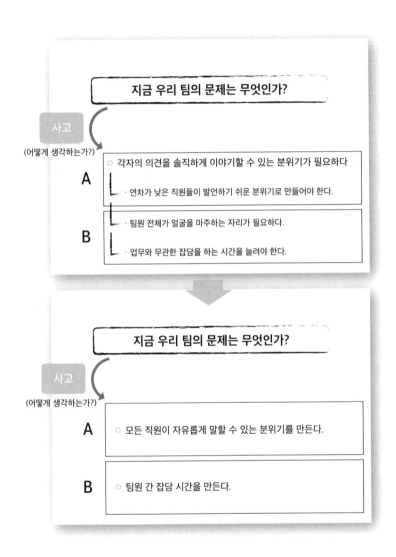

지금 우리 팀의 문제는 무엇인가?

사고
(어떻게 생각하는가?)

A
○ 각자의 의견을 솔직하게 이야기할 수 있는 분위기가 필요하다
· 연차가 낮은 직원들이 발언하기 쉬운 분위기로 만들어야 한다.

B
· 팀원 전체가 얼굴을 마주하는 자리가 필요하다.
· 업무와 무관한 잡담을 하는 시간을 늘려야 한다.

지금 우리 팀의 문제는 무엇인가?

사고
(어떻게 생각하는가?)

A
○ 모든 직원이 자유롭게 말할 수 있는 분위기를 만든다.

B
○ 팀원 간 잡담 시간을 만든다.

카피라이터의 표현법

회의를 할 때는 질문을 메모한다

이 책에서는 표현력을 키우기 위한 수단으로 메모를 활용했다. 그런데 굳이 트레이닝이 아니더라도 일상에서 메모를 활용해 말의 해상도를 높일 수 있는 방법이 있다.

일반적으로 많은 회사원이 회의에 참석하면 메모를 한다. 회의 자료에는 없는 내용이나 논의 중에 자신이 중요하다고 느낀 점 등 메모하는 내용도 다양하다. 이 메모들은 내용의 차이는 있지만 훗날 그 회의를 떠올리기 쉽게 해준다는 공통점이 있다.

3장에서 메모의 효과를 소개하면서 메모의 어원을 잠깐 언급했는데, 메모란 본래 자신을 위한 용도가 아니라 누군가에게 전달하기 위해 작성한 글이다. 만약 회의 중 메모를 내일의 나를 위한 정보라고 생각한다면 어떤 메모를 남기는 것이 유용할까?

다음에 소개하는 가상 회의를 함께 살펴보면서 좀 더 구체적인 이미지를 떠올려보자. 당신도 이 회의에 참석했다고 생각하고 읽어보자.

회의 내용: 새로운 조미료 상품의 광고 계획
참석자: 당신을 포함한 사내 직원 4명 정도

이곳은 회의실이다. 클라이언트의 회사에서 나온 조미료의 새로운 광고 계획을 구상하는 킥오프 회의가 시작되었다. 막 팀에 합류한 당신은 선배들과 함께 참석 중이다. 팀장인 A가 입을 열었다.

A "사람들은 조미료를 고를 때 어떤 기준으로 고르나요?"

B "보통 기존에 쓰던 걸 사는 경우가 많죠."

C "여러 제조사가 신제품을 내놓아도 익숙한 제품을 사는 경향이 강합니다."

D "저는 친정에서 쓰던 제품을 그대로 쓰고 있어요."

B "맞아요. 각 상품의 성분이나 맛의 차이를 고려하는 사람은 많지 않은 듯합니다."

A "그렇군. 근데 맛의 차이가 정말로 없는 걸까요?"

C "평소에 생각해본 적은 없지만, 듣고 보니 궁금하네요."

D "다른 제조사의 조미료를 사서 일부러 시험해본 사람은 많지 않을

것 같아요."

B "맞아요. 다른 제품을 시도해본 적이 없어서 맛의 차이를 모르는
것일 수도 있겠네요."

A "음...그 외에도 소비자가 맛 차이를 신경 쓰지 않는 다른 이유가 있
을 수도 있겠네요."

C "이 점은 광고 계획을 세울 때 중요한 포인트가 될 수 있을 것 같습
니다."

A "이런, 시간이 벌써…. 그럼 다음에 모여서 계속 얘기해요."

여기서 킥오프 회의는 종료되었다. 당신이라면 이 회의에서 어떤 메모를 하겠는가?

메모하는 방법은 사람마다 다르겠지만, 새로운 아이디어를 끌어올리기 좋은 기록을 남긴다는 관점에서 이야기하면 질문의 형태로 메모하기를 추천한다.

이번 회의에서 가장 큰 깨달음은 '조미료를 고를 때 제조사에 따른 맛 차이를 고려하는 소비자가 적을 수 있다'는 점이다. 만일 나라면 이 중요한 포인트를 이렇게 메모로 남겨두겠다.

Q. 왜 조미료를 고를 때 맛의 차이를 신경 쓰지 않는 사람이 많을까?

이 한 줄을 남겨두면 훗날 이 메모를 활용해 질문을 설정하고 나름대로 답변을 달아볼 수 있다. 즉, 이 질문을 주제로 종이에 써 내려가기만 하면 된다.

이처럼 말의 해상도를 더욱 높이는 관건은 평소에 자신

에게 여러 질문을 계속 제기할 수 있느냐다. 평소에 질문 형식의 메모를 남기는 습관을 가지면 표현력 트레이닝이 자연스럽게 이루어지므로 이 방법을 꼭 추천한다.

모든 일에 의식적으로 질문을 던진다
|

아이들은 일정한 나이가 되면 부모나 어른에게 "왜?"라고 질문 공세를 퍼붓는 시기가 온다. 주변에 아이가 있다면 당신도 한 번쯤은 겪어봤을 것이다.

질문 중에는 어른들이 바로 대답하지 못하는 것도 많다. 가령 전혀 모르는 사람을 가리키면서 "저 사람은 왜 화가 났어?"라고 묻는다거나 달리는 자동차를 가리키며 "저 자동차는 왜 빨간 색이야?"라고 묻기도 한다. 이렇게 순수한 마음으로 답하기 곤란한 질문을 하면 어떻게 이야기해야 할지 난감해진다.

하지만 아이는 심술을 부리려고 질문하는 것이 아니다. 순전히 '더 알고 싶다'는 마음에서 계속 질문 공세를 펼친다. 바로 이처럼 '더 알고 싶다'는 호기심이 표현력을 기르는 데 있어 중요한 포인트다.

존경하는 회사 선배는 평소 광고만 보면 항상 "왜?"라고 자신에게 묻는 버릇이 있다. 어떤 광고를 보고 자신이 왜 그런 감정을 느끼는지, 왜 그런 카피를 썼을지, 또 디자인은 왜 그런지 등과 같은 질문을 던진다.

"왜?"를 의식하는 생활이란 항상 자신에게 질문을 던지는 생활이다. 다시 말해 일상에서 자신에게 계속 질문을 던져 지금 어떤 생각을 하고 있고, 어떤 것을 느끼고 있는지 점검하는 생활이다. 이런 습관은 다양한 주제에 관한 자신의 생각을 언어라는 형태로 머릿속 저장고에 넣어두는 습관으로 이어진다. 그렇게 저장고가 쌓이면 순간적으로 생각을 언어화하는 일도 가능해진다.

이 책에서 소개하는 표현력 트레이닝은 이 첫걸음에 불과하다. 카피라이터 입장에서 봤을 때 '스스로 질문을 정하고 대답을 메모하는 과정'을 꾸준히 반복하는 방법이 자신의 생각을 표현하는 데 매우 효과적이다.

메모를 활용한 트레이닝은 질문을 제기하는 데서 시작된다. 질문을 제기한다는 것은 항상 '왜?'라는 안테나를 계속 세우는 일과 같다. 아이와는 달리 어른은 세상사를 모두 이해하고 있다는 착각에 빠지기 쉽다. 특히 업무가 익숙해지면 일상적인 업무에 별로 의문을 품지 않고 '옛날부터 이렇게 해왔으니까'라든가 '다들 그렇게 하니까'라고 단정 짓고 아무 생각 없이 일과를 보내는 경우가 허다하다.

그렇기 때문에 평소에도 의식적으로 '왜?'라는 질문을 계속 던져야 한다. 이런 습관이 생각과 말의 해상도를 높이는 좋은 엔진이 되어주리라 믿는다.

"하고 싶은 이야기가 있는데 말로 잘 못하겠어요", "회의에서 질문을 받았을 때 적당한 말이 떠오르지 않아요", "마음을 전하고 싶은데 뭐라고 말해야 할지 모르겠어요", "머릿속에 어렴풋한 이미지는 있지만 어떤 말로 표현해야 할지 모르겠어요".

이 책은 위와 같은 고민을 가지고 있는 분들을 위해 쓰였다. 마지막까지 읽은 지금은 어떻게 생각하시는지 궁금하다. '생각을 표현하는 법을 알게 된 것 같다', '이 방법이라면 표현력을 쉽게 기를 수 있을 것 같다'라는 생각이 조금이라도 드신다면 더할 나위 없이 기쁘겠다.

마지막으로 내 이야기를 조금만 더 해보겠다. 나는 2005년부터 20여 년 간 카피라이터로 일해왔다. 학창 시절에 카피라이팅 공부를 별도로 하지 않았기 때문에 입사 후 카피라이터 직무를 맡게 되면서 처음 카피라이팅에 입문했다. 눈앞이 캄캄했지만 프로 카피라이터로 인정받기 위해 온갖 고생을 하며 힘들게 여기까지 왔다.

긴 시간 어려움을 견딜 수 있었던 건 내가 쓴 카피로 많은 사람을 기쁘게 하고 싶다는 생각이 있었기 때문이다. 선배와 동료, 클라이언트, 광고를 접한 많은 사람이 내 광고를 보고 즐거워해준 덕분에 운이 좋게 지금까지 카피라이터를 하고 있다.

한편 개인적으로 카피라이터는 매우 특수한 직업이라고 생각한다. 광고업계 자체도 특수하고 좁은 곳인데 카피라이터만 떼서 보면 훨씬 더 좁은 세상이다. 20~30대의 대부분을 보낸 이곳에서 배운 지식이 앞으로 얼마나 많은 사람에게 도움이 될지 고민할 때도 많다.

'표현력을 주제로 책을 써보지 않겠습니까?'라는 제안을

마치며

받고 '왜 나지?'라며 처음에는 상당히 당황했다. 지금까지 이 분야를 전문적으로 연구해온 사람도 아니었고 생각이 말처럼 표현되지 않아 많은 회사원이 고민하고 있다는 사실도 처음에는 잘 몰랐기 때문이다.

하지만 집필을 마친 지금은 이 능력이 모든 회사원에게 필요하다는 사실을 절감하고 있다. 그리고 '표현력을 기르려면 어떻게 해야 할까?'라는 질문을 되새기면서 카피라이터를 하면서 겪은 경험과 지식을 토대로 구체적인 트레이닝 방법을 나름대로 써나갈 수 있었다.

이 책을 한 번 읽는다고 쉽게 표현력이 향상되지는 않는다. 하지만 계속 트레이닝을 해나가다 보면 반드시 효과가 나타날 것이라고 믿는다. 이 글이 조금이라도 당신의 고민을 해결하는 데 도움이 된다면 더할 나위 없이 기쁘겠다. 지금까지 카피라이터를 계속해온 보람도 느낀다.

그러고 보니 최근 어떤 회의에서 "카피라이터는 다른 직업으로 갈아타기도 힘들어요"라고 했더니, 누군가가 "전혀 그렇지 않아요. 얼마나 많은 사람이 '말'에 대해 고민하는지 몰라요"라고 대답해주었다.

이 책을 읽고 '카피라이터가 이런 도움을 줄 수 있구나', '광고 외에도 글쓰기나 말에 대한 상담을 할 수 있구나'라고 생각하게 된 분이 계신다면, 부디 주위의 카피라이터에게 부담 없이 고민을 털어놓으시기를 바란다.

마지막으로 이처럼 귀중한 기회를 주신 편집자와 집필하는 데 충분한 시간을 주고 응원해준 가족, 친지에게 진심으로 감사드린다.

아라키 슌야

부록

셀프Q&A

표현력을 기르기 위한 500가지 질문

트레이닝을 하면서 질문을 계속하다 보면 새로운 질문거리를 찾기 힘들
어지는 때가 올 것이다. 그래서 부록으로 표현력 트레이닝을 할 수 있는
예시 질문을 충분히 담았다.

체크박스가 준비되어 있으니 답을 완료한 질문에는 체크 표시를 해도 된
다. 가령 답을 잘한 질문에는 'O', 답변을 아예 못했던 질문에 '×', 답변이
미흡했던 질문에 '△'를 붙이고, '×'나 '△' 표시가 붙은 질문은 나중에 다
시 도전해보자.

여기서 힌트를 얻어 새로운 질문을 만들거나
기존 질문을 변형해봐도 좋다.

도입

1. 왜 일하는가?

일 전반

2. 지금 자신에게 가장 중요한 과제는 무엇인가?

3. '일을 잘한다'라는 의미는?

4. 어떻게 하면 일을 더 잘할 수 있을까?

5. 어떤 사람이 '일 잘하는 사람'일까?

6. 어떻게 하면 수입을 늘릴 수 있을까?

7. ○○○ 씨는 왜 일을 잘할까?

8. ○○○ 씨는 왜 일을 못할까?

9. 나는 어떨 때 성장할 수 있나?

10. 직장에서의 성공 경험은?

11. 직장에서의 실패 경험은?

12. 직장에서의 좌절 경험은?

업무

13. 어떻게 하면 일 처리 속도가 빨라질 수 있을까?

14. 어떻게 하면 일의 퀄리티를 높일 수 있을까?

15. 어떻게 하면 집중력을 높일 수 있을까?

16. 개인용 이메일에서 중시하는 점은?

17. 사내용 이메일에서 중시하는 점은?

	18. 일정 관리는 어떻게 해야 할까?

회의

	19. 의미 있는 회의가 되려면 무엇이 필요할까?
	20. 어떻게 하면 회의에서 모두가 발언할 수 있을까?
	21. 어떤 의견을 말해야 할까?
	22. ○○○ 씨의 이야기를 어떻게 생각하는가?
	23. 의견이 다를 때는 어떻게 하나?

팀 관리

	24. 팀 단위 업무 시 중요한 점은 무엇인가?
	25. 어떻게 하면 팀이 제대로 작동할까?
	26. 팀에서 자신의 역할은 무엇인가?
	27. 어떻게 하면 팀에 기여할 수 있나?
	28. 팀원의 역할은 무엇인가?
	29. 업무 이외에도 팀원과 교류해야 하나?

직원 관리

	30. 직원 관리에서 중요한 것은 무엇일까?
	31. 나는 회사에서 어떤 역할을 해야 하나?
	32. 내가 하지 말아야 할 일은 무엇인가?
	33. 후배와는 어떤 관계를 쌓아야 하나?
	34. 후배의 업무 역량을 높이려면?
	35. 다른 부서와는 어떤 관계를 쌓아야 하나?
	36. 다른 부서와 의견이 다를 때는 어떻게 해야 하나?

37. 직원 관리에 앞서 무슨 준비를 해야 하나?

면담

38. 면담할 때 조심해야 할 점은?

39. 면담할 때 어떤 자료를 준비해야 할까?

40. 처음에는 어떤 이야기를 해야 하나?

41. 전체적으로 어떤 이야기를 해야 하나?

42. 질의·응답할 때 주의할 점은?

43. 후배에게 피드백할 때 주의해야 할 점은?

44. 어떻게 하면 면담을 성공적으로 이끌 수 있나?

45. 말하기 요령에는 어떤 게 있을까?

46. 면담을 잘하는 사람은 어떤 특징이 있나?

프레젠테이션

47. 어떤 준비를 해야 하나?

48. 프레젠테이션 자료 작성할 때 주의할 점은?

49. 처음에는 어떤 이야기를 해야 하나?

50. 전체적으로 어떤 이야기를 해야 하나?

51. 질의·응답할 때 주의할 점은?

52. 어떻게 하면 프레젠테이션을 성공적으로 이끌 수 있나?

53. 스피치 요령에는 어떤 게 있을까?

54. 프레젠테이션을 잘하는 사람은 어떤 특징이 있나?

기획서

55. 어떤 내용으로 작성해야 하나?

56. 소구력을 높이려면 어떻게 해야 하나?

57. 전체적으로 주의해야 할 점은?

58. 기획의 타깃은 누구인가?

59. 헤드라인을 뽑을 때 중요한 점은?

60. 여러 가지 기획을 동시에 하려면 어떻게 해야 하나?

61. 도저히 좋은 아이디어가 떠오르지 않을 때 대처법은?

62. 어떻게 하면 트렌드를 잘 파악할 수 있나?

63. 기획서의 비주얼은 어떠해야 하나?

64. 기획서를 빨리 만들려면 어떻게 해야 하나?

문제 해결력

65. 왜 문제가 생겼나?

66. 문제 발생 시 어떻게 대응해야 하나?

67. 상대는 왜 화가 났을까?

68. 문제를 해결할 때 어떤 화법을 사용하면 좋을까?

69. 상사에게 설명할 때 주의해야 할 점은?

인간관계

70. 상사와의 관계 설정은 어떻게 해야 하나?

71. 후배와의 관계 설정은 어떻게 해야 하나?

72. 동료와의 관계 설정은 어떻게 해야 하나?

73. 다른 부서 사람과의 관계 설정은 어떻게 해야 하나?

74. 업무가 서툰 사람은 어떻게 대해야 하나?

보고·연락·상담

75. 보고에서 중요한 것은?

76. 전화를 할 때 중요한 것은?

77. 대면 상담에서 중요한 것은?

78. 보고·연락·상담에서 공통적으로 중요한 요소는?

79. 각 상황에 어떤 화법을 사용할까?

이직

80. 그 업계에 지원한 이유는?

81. 그 직종에 지원한 이유는?

82. 자신이 하고 싶은 일은 무엇인가?

83. 이전 회사에 들어간 계기는?

84. 지금 회사에 들어간 계기는?

85. 지금 이 회사를 지원하는 이유는?

86. 일하면서 이직 활동을 어떻게 할 수 있을까?

87. 해결하고 싶은 사회 문제가 있나?

88. 면접에서는 무슨 이야기를 해야 하나?

멘탈 관리

89. 왜 기분이 안 좋은가?

90. 어떨 때 기분이 좋은가?

91. 어떨 때 기분이 나빠지나?

92. 어떻게 하면 기분 좋아지나?

93. 부정적인 사람을 어떻게 생각하나?

94. 자꾸만 긴장하는 이유는?

공부

10. 동아리 활동으로 무엇을 얻었나?

중학생 시절

11. 좋아했던 교과목은?

12. 싫어했던 교과목은?

13. 공부에서 성공한 경험은?

14. 공부에서 좌절한 경험은?

15. 공부로 무엇을 얻었나?

16. 왜 그 동아리에 가입했나?

17. 동아리 활동에서 성공한 경험은?

18. 동아리 활동에서 좌절한 경험은?

19. 동아리 활동으로 무엇을 얻었나?

고등학생 시절

20. 좋아했던 교과목은?

21. 싫어했던 교과목은?

22. 공부에서 성공한 경험은?

23. 공부에서 좌절한 경험은?

24. 공부로 무엇을 얻었나?

25. 왜 그 동아리에 가입했나?

26. 동아리 활동에서 성공한 경험은?

27. 동아리 활동에서 좌절한 경험은?

28. 동아리 활동으로 무엇을 얻었나?

대학생 시절

29. 좋아했던 교과목은?

30. 싫어했던 교과목은?

31. 공부에서 성공한 경험은?

32. 공부에서 좌절한 경험은?

33. 공부로 무엇을 얻었나?

34. 왜 그 동아리에 가입했나?

35. 동아리 활동에서 성공한 경험은?

36. 동아리 활동에서 좌절한 경험은?

37. 동아리 활동으로 무엇을 얻었나?

취업 준비를 위한 공부

38. 어떤 공부를 좋아했나?

39. 어떤 공부를 싫어했나?

40. 공부에서 성공한 경험은?

41. 공부에서 좌절한 경험은?

42. 공부로 무엇을 얻었나?

현재 하고 있는 공부

43. 왜 공부하나?

44. 어떤 공부를 좋아하나?

45. 어떤 공부를 싫어하나?

46. 지금 가장 배우고 싶은 것은 무엇인가?

47. 공부하면서 가장 기뻤던 일은 무엇인가?

48. 공부하면서 슬펐던 일은 무엇인가?

49. 공부를 잘하는 요령은?

50. 공부 의욕을 어떻게 올리나?

자아 성찰

도입

1. 왜 자아 성찰이 필요한가?

유아기

2. 좋아했던 일은?

3. 싫어했던 일은?

4. 잘했던 일은?

5. 서툴렀던 일은?

6. 당시 꿈은 무엇이었나?

7. 어떤 친구들이 많았나?

8. 싫어하는 사람은 어떤 사람이었나?

9. 주변에서 어떤 사람으로 보는가?

10. 당시 자신의 성격은?

11. 자신의 어떤 부분을 좋아했나?

12. 자신의 어떤 부분을 싫어했나?

13. 당시 소중히 여겼던 것은 무엇인가?

14. 당시 소홀했던 점은?

15. 자랑할 만한 점이 있다면?

16. 콤플렉스는 무엇인가?

17. 남의 말을 잘 듣는 타입이었나?

18. 사람들과 쉽게 친해질 수 있는 타입이었나?

19. 사람들과 부딪치는 일이 많았나?

20. 어떤 버릇을 가지고 있었나?

21. 가장 즐거웠던 일은?

22. 제일 싫었던 일은?

23. 가장 성공적인 경험은?

24. 가장 큰 실패 경험은?

25. 가장 부끄러웠던 경험은?

26. 가장 슬펐던 경험은?

27. 가장 배신감을 느낀 경험은?

28. 가장 영향을 받은 경험은?

29. 가장 후회되는 경험은?

30. 가장 화가 난 경험은?

31. 가장 남에게 폐를 끼친 경험은?

초등학생 시절

32. 좋아했던 일은?

33. 싫어했던 일은?

34. 잘했던 일은?

35. 서툴렀던 일은?

36. 당시 꿈은 무엇이었나?

37. 어떤 친구들이 많았나?

38. 싫어하는 사람은 어떤 사람이었나?

39. 주변에서 어떤 사람으로 보는가?

40. 당시 자신의 성격은?

41. 자신의 어떤 부분을 좋아했나?

42. 자신의 어떤 부분을 싫어했나?

43. 당시 소중히 여겼던 가치는 무엇인가?

44. 당시 소홀했던 점은?

45. 자랑할 만한 점이 있다면?

46. 콤플렉스는 무엇인가?

47. 남의 말을 잘 듣는 타입이었나?

48. 사람들과 쉽게 친해질 수 있는 타입이었나?

49. 사람들과 부딪히는 일이 많았나?

50. 어떤 버릇을 가지고 있었나?

51. 가장 즐거웠던 일은?

52. 제일 싫었던 일은?

53. 가장 성공적인 경험은?

54. 가장 큰 실패 경험은?

55. 가장 부끄러웠던 경험은?

56. 가장 슬펐던 경험은?

57. 가장 배신감을 느낀 경험은?

58. 가장 영향을 받은 경험은?

59. 가장 후회되는 경험은?

60. 가장 화가 난 경험은?

61. 가장 남에게 폐를 끼친 경험은?

중학생 시절

62. 좋아했던 일은?

63. 싫어했던 일은?

64. 잘했던 일은?

65. 서툴렀던 일은?

66. 당시 꿈은 무엇이었나?

67. 어떤 친구들이 많았나?

68. 싫어하는 사람은 어떤 사람이었나?

69. 주변에서 어떤 사람으로 보는가?

70. 당시 자신의 성격은?

71. 자신의 어떤 부분을 좋아했나?

72. 자신의 어떤 부분을 싫어했나?

73. 당시 소중히 여겼던 가치는 무엇인가?

74. 당시 소홀했던 점은?

75. 자랑할 만한 점이 있다면?

76. 콤플렉스는 무엇인가?

77. 남의 말을 잘 듣는 타입이었나?

78. 사람들과 쉽게 친해질 수 있는 타입이었나?

79. 사람들과 부딪히는 일이 많았나?

80. 어떤 버릇을 가지고 있었나?

81. 가장 즐거웠던 일은?

82. 제일 싫었던 일은?

83. 가장 성공적인 경험은?

84. 가장 큰 실패 경험은?

85. 가장 부끄러웠던 경험은?

86. 가장 슬펐던 경험은?

87. 가장 배신감을 느낀 경험은?

88. 가장 영향을 받은 경험은?

89. 가장 후회되는 경험은?

90. 가장 화가 난 경험은?

91. 가장 남에게 폐를 끼친 경험은?

고등학생 시절

92. 좋아했던 일은?

93. 싫어했던 일은?

94. 잘했던 일은?

95. 서툴렀던 일은?

96. 당시 꿈은 무엇이었나?

97. 어떤 친구들이 많았나?

98. 싫어하는 사람은 어떤 사람이었나?

99. 주변에서 어떤 사람으로 보는가?

100. 당시 자신의 성격은?

101. 자신의 어떤 부분을 좋아했나?

102. 자신의 어떤 부분을 싫어했나?

103. 당시 소중히 여겼던 가치는 무엇인가?

104. 당시 소홀했던 점은?

105. 자랑할 만한 점이 있다면?

106. 콤플렉스는 무엇인가?

107. 남의 말을 잘 듣는 타입이었나?

108. 사람들과 쉽게 친해질 수 있는 타입이었나?

109. 사람들과 부딪히는 일이 많았나?

110. 어떤 버릇을 가지고 있었나?

111. 가장 즐거웠던 일은?

112. 제일 싫었던 일은?

113. 가장 성공적인 경험은?

114. 가장 큰 실패 경험은?

115. 가장 부끄러웠던 경험은?

116. 가장 슬펐던 경험은?

117. 가장 배신감을 느낀 경험은?

118. 가장 영향을 받은 경험은?

119. 가장 후회되는 경험은?

120. 가장 화가 난 경험은?

121. 가장 남에게 폐를 끼친 경험은?

대학생 시절

122. 좋아했던 일은?

123. 싫어했던 일은?

124. 잘했던 일은?

125. 서툴렀던 일은?

126. 당시 꿈은 무엇이었나?

127. 어떤 친구들이 많았나?

128. 싫어하는 사람은 어떤 사람이었나?

129. 주변에서 어떤 사람으로 보는가?

130. 당시 자신의 성격은?

131. 자신의 어떤 부분을 좋아했나?

132. 자신의 어떤 부분을 싫어했나?

	133. 당시 소중히 여겼던 가치는 무엇인가?
	134. 당시 소홀했던 점은?
	135. 자랑할 만한 점이 있다면?
	136. 콤플렉스는 무엇인가?
	137. 남의 말을 잘 듣는 타입이었나?
	138. 사람들과 쉽게 친해질 수 있는 타입이었나?
	139. 사람들과 부딪히는 일이 많았나?
	140. 어떤 버릇을 가지고 있었나?
	141. 가장 즐거웠던 일은?
	142. 제일 싫었던 일은?
	143. 가장 성공적인 경험은?
	144. 가장 큰 실패 경험은?
	145. 가장 부끄러웠던 경험은?
	146. 가장 슬펐던 경험은?
	147. 가장 배신감을 느낀 경험은?
	148. 가장 영향을 받은 경험은?
	149. 가장 후회되는 경험은?
	150. 가장 화가 난 경험은?
	151. 가장 남에게 폐를 끼친 경험은?

취업준비생 시절

	152. 좋아했던 일은?
	153. 싫어했던 일은?
	154. 잘했던 일은?
	155. 서툴렀던 일은?

156. 당시 꿈은 무엇이었나?

157. 어떤 친구들이 많았나?

158. 싫어하는 사람은 어떤 사람이었나?

159. 주변에서 어떤 사람으로 보는가?

160. 당시 자신의 성격은?

161. 자신의 어떤 부분을 좋아했나?

162. 자신의 어떤 부분을 싫어했나?

163. 당시 소중히 여겼던 가치는 무엇인가?

164. 당시 소홀했던 점은?

165. 자랑할 만한 점이 있다면?

166. 콤플렉스는 무엇인가?

167. 남의 말을 잘 듣는 타입이었나?

168. 사람들과 쉽게 친해질 수 있는 타입이었나?

169. 사람들과 부딪히는 일이 많았나?

170. 어떤 버릇을 가지고 있었나?

171. 가장 즐거웠던 일은?

172. 제일 싫었던 일은?

173. 가장 성공적인 경험은?

174. 가장 큰 실패 경험은?

175. 가장 부끄러웠던 경험은?

176. 가장 슬펐던 경험은?

177. 가장 배신감을 느낀 경험은?

178. 가장 영향을 받은 경험은?

179. 가장 후회되는 경험은?

180. 가장 화가 난 경험은?

181. 가장 남에게 폐를 끼친 경험은?

현재

182. 좋아하는 일은?

183. 싫어하는 일은?

184. 잘하는 일은?

185. 서툰 일은?

186. 꿈은?

187. 어떤 친구들이 많나?

188. 싫어하는 사람은 어떤 사람인가?

189. 주변에서 어떤 사람으로 보나?

190. 지금 자신의 성격은?

191. 자신의 어떤 부분을 좋아하나?

192. 자신의 어떤 부분을 싫어하나?

193. 소중히 여기는 가치는 무엇인가?

194. 소홀히 하는 것은 무엇인가?

195. 자랑할 만한 점이 있다면?

196. 콤플렉스는 무엇인가?

197. 남의 말을 듣는 타입인가?

198. 사람들과 쉽게 친해질 수 있는 타입인가?

199. 사람들과 부딪히는 일이 많나?

200. 어떤 버릇을 가지고 있나?

개인 생활

도입

1. 여가 시간은 왜 중요한가?

개인 생활 전반

2. 어떨 때 행복을 느끼나?

3. 자신의 인생철학은?

4. 일에도 내 생활에도 충실하려면?

취미

5. 취미는 무엇인가?

6. 인생에서 가장 인상에 남는 책은 무엇인가?

7. 인생에서 가장 감명 깊었던 영화는 무엇인가?

8. 인생에서 가장 감명 깊었던 드라마는 무엇인가?

9. 인생에서 가장 웃겼던 예능 프로그램은 무엇인가?

10. 최근에 읽은 책의 감상평은?

11. 최근에 본 영화 감상평은?

12. 최근에 본 드라마 감상평은?

13. 최근에 본 예능 프로그램 감상평은?

14. 여행을 좋아하는가?

15. 여행해 본 경험은?

16. 가장 인상에 남는 여행은?

17. 최근에 간 여행의 소감은?

18. 가장 좋아하는 야외 활동은 무엇인가?

19. 가장 좋아하는 실내 활동은 무엇인가?

20. 취미가 없는 자신을 어떻게 생각하는가?

21. 취미가 반드시 필요하나?

22. 하고 싶은 생각은 있지만 잘 안 되는 것은?

23. 만약 한 달 휴가를 낼 수 있다면 무엇을 할 것인가?

24. 만약 돈과 능력에 제약이 없다면 무엇을 하고 싶은가?

재정

25. 인생에서 어떤 일에 가장 많은 돈을 써왔는가?

26. 자신의 돈 철학은 무엇인가?

27. 돈을 모으는 이유는 무엇인가?

28. 어떻게 하면 절약할 수 있나?

29. 왜 지출이 많을까?

30. 어떻게 하면 수입을 더 늘릴 수 있을까?

31. 기부는 꼭 해야 하나?

32. 남에게 돈을 빌려줘도 되나?

33. 투자는 꼭 해야 하나?

결혼

34. 왜 그 사람과 결혼하고 싶은가?

35. 그 사람의 무엇이 좋은가?

36. 그 사람의 무엇이 싫은가?

37. 결혼의 장점은?

38. 결혼의 단점은?

39. 자신의 결혼관은?

40. 인생에서 결혼이란 무엇인가?

41. 왜 사람들은 결혼을 할까?

42. 어떻게 하면 성공적인 결혼 생활을 할 수 있을까?

43. 아이를 갖고 싶은가?

44. 가사 분담은 어떻게 하나?

45. 어디에 살고 싶은가?

46. 어떤 집에서 살고 싶은가?

47. 어떤 생활을 하고 싶은가?

48. 상대방 가족과의 관계는?

49. 상대방 집과의 관계를 좋게 하려면?

50. 이혼하면 어떡하나?

가족과 친구

도입

1. 왜 가족이나 친구를 잘 알아야 하는가?

아버지

2. 아버지의 어떤 점이 좋은가?

3. 아버지의 어떤 점이 싫은가?

4. 아버지와 비슷한 점은?

5. 아버지와 정반대인 점은?

6. 아버지와의 가장 큰 추억은?

7. 아버지와 무슨 이야기를 할 때 즐거운가?

어머니

8. 어머니의 어떤 점이 좋은가?

9. 어머니의 어떤 점이 싫은가?

10. 어머니와 비슷한 점은?

11. 어머니와 정반대인 점은?

12. 어머니와의 가장 큰 추억은?

13. 어머니와 무슨 이야기를 할 때 즐거운가?

형제자매

14. 형제자매의 어떤 점이 좋은가?

15. 형제자매의 어떤 점이 싫은가?

16. 형제자매와 비슷한 점은?

17. 형제자매와 정반대인 점은?

18. 형제자매와의 가장 큰 추억은?

19. 형제자매와 무슨 이야기를 할 때 즐거운가?

할아버지

20. 할아버지의 어떤 점이 좋은가?

21. 할아버지의 어떤 점이 싫은가?

22. 할아버지와 비슷한 점은?

23. 할아버지와 정반대인 점은?

24. 할아버지와의 가장 큰 추억은?

25. 할아버지와 무슨 이야기를 할 때 즐거운가?

할머니

26. 할머니의 어떤 점이 좋은가?

27. 할머니의 어떤 점이 싫은가?

28. 할머니와 비슷한 점은?

29. 할머니와 정반대인 점은?

30. 할머니와의 가장 큰 추억은?

31. 할머니와 무슨 이야기를 할 때 즐거운가?

자녀

32. 아이의 어떤 점이 좋은가?

33. 아이의 어떤 점이 싫은가?

34. 아이와 비슷한 점은?

35. 아이와 정반대인 점은?

36. 아이와의 가장 큰 추억은?

37. 아이와 무슨 이야기를 할 때 즐거운가?

친구

38. 친구의 어떤 점이 좋은가?

39. 친구의 어떤 점이 싫은가?

40. 친구와 비슷한 점은?

41. 친구와 정반대인 점은?

42. 친구와의 가장 큰 추억은?

43. 친구와 무슨 이야기를 할 때 즐거운가?

배우자

44. 배우자와 비슷한 점은?

45. 배우자와 정반대인 점은?

46. 배우자와의 가장 큰 추억은?

47. 배우자와 무슨 이야기를 할 때 즐거운가?

반려동물

48. 반려동물을 기르는 이유는?

49. 반려동물의 어떤 점이 좋은가?

50. 반려동물의 어떤 점이 싫은가?

미래

도입

1. 왜 미래를 생각해야 하는가?

가까운 미래

2. 1년 후 어떤 사람이 되고 싶은가?

3. 1년 후 어떤 일을 하고 싶은가?

4. 3년 후 어떤 사람이 되고 싶은가?

5. 3년 후 어떤 일을 하고 싶은가?

6. 목표를 실현하기 위해 지금 해야 할 일은?

30대

7. 어떤 사람이 되고 싶은가?

8. 어떤 일을 하고 싶은가?

9. 어떤 포지션을 맡고 있을까?

10. 연봉은?

11. 어디에 살고 싶은가?

12. 워라밸은?

13. 퇴근 후에는 무엇을 하는가?

14. 어떤 것에 도전하고 있는가?

15. 어떤 취미를 즐기고 있는가?

16. 인간관계는 어떤가?

17. 가족과의 관계는 어떤가?

40대

18. 어떤 사람이 되고 싶은가?

19. 어떤 일을 하고 싶은가?

20. 어떤 포지션을 맡고 있을까?

21. 연봉은?

22. 어디에 살고 싶은가?

23. 워라밸은?

24. 퇴근 후에는 무엇을 하는가?

25. 어떤 것에 도전하고 있는가?

26. 어떤 취미를 즐기고 있는가?

27. 인간관계는 어떤가?

28. 가족과의 관계는 어떤가?

50대

	29. 어떤 사람이 되고 싶은가?
	30. 어떤 일을 하고 싶은가?
	31. 어떤 포지션을 맡고 있을까?
	32. 연봉은?
	33. 어디에 살고 싶은가?
	34. 워라밸은?
	35. 퇴근 후에는 무엇을 하는가?
	36. 어떤 것에 도전하고 있는가?
	37. 어떤 취미를 즐기고 있는가?
	38. 인간관계는 어떤가?
	39. 가족과의 관계는 어떤가?

은퇴 이후

	40. 어떤 사람이 되고 싶은가?
	41. 일은 계속할 것인가?
	42. 어디에 살고 싶은가?
	43. 어떤 것에 도전하고 있는가?
	44. 어떤 취미를 즐기고 있는가?
	45. 인간관계는 어떤가?
	46. 가족과의 관계는 어떤가?
	47. 아이에게 무엇을 남기고 싶은가?
	48. 배우자가 먼저 죽으면 어떻게 하겠는가?
	49. 죽을 때까지 이루고 싶은 것은 무엇인가?
	50. 어떻게 삶의 마지막을 맞이하고 싶은가?

카피라이터의
표현법

1판 1쇄 발행 2024년 4월 4일
1판 2쇄 발행 2024년 5월 9일

지은이 아라키 슌야
옮긴이 신찬
발행인 박명곤 **CEO** 박지성 **CFO** 김영은
기획편집1팀 채대광, 김준원, 이승미, 이상지
기획편집2팀 박일귀, 이은빈, 강민형, 이지은, 박고은
디자인팀 구경표, 구혜민, 임지선
마케팅팀 임우열, 김은지, 전상미, 이호, 최고은

펴낸곳 (주)현대지성
출판등록 제406-2014-000124호
전화 070-7791-2136 **팩스** 0303-3444-2136
주소 서울시 강서구 마곡중앙6로 40, 장흥빌딩 10층
홈페이지 www.hdjisung.com **이메일** support@hdjisung.com
제작처 영신사

ⓒ 현대지성 2024

※ 이 책은 저작권법에 따라 보호받는 저작물이므로 무단 전재와 복제를 금합니다.
※ 잘못 만들어진 책은 구입하신 서점에서 교환해드립니다.
※ 본 저작물은 공공누리 제1유형에 따라 일부 이미지에 마포구(www.mapo.go.kr)의 공공저작물 마포 홍대프
리덤 서체를 이용하였습니다.

"Curious and Creative people make Inspiring Contents"
현대지성은 여러분의 의견 하나하나를 소중히 받고 있습니다.
원고 투고, 오탈자 제보, 제휴 제안은 support@hdjisung.com으로 보내 주세요.

현대지성 홈페이지

이 책을 만든 사람들
기획·편집 이은빈 **디자인** 구경표